资助单位：

南京大学长江三角洲经济社会发展研究中心

中国特色社会主义经济建设协同创新中心

江苏高校协同创新中心（区域经济转型与管理变革）

南京大学长江三角洲经济社会发展研究中心年度自选项目
（项目批准号：2018-NDCSJ-02-02）

Data Report on Economic and Social Development
in the Yangtze River Delta
Agriculture

长江三角洲经济社会发展数据报告

农业

赵　华　姜　宁　侯　毅／著

科学出版社

北　京

内 容 简 介

经济增长是在一定的要素约束下进行的，资源和要素的积累是经济持续增长的内生动力。本报告依托长江三角洲经济社会发展数据库，从空间和时间两个维度，审视长江三角洲核心区 16 个城市进入 21 世纪以来的农业发展情况，分别从农业生产、农业要素投入、农业实物产出、农村发展、农民收支等方面客观展示近 20 年来长江三角洲地区农业农村的发展变化。

本报告对各类经济主体进行现状概览、决策判断、政策制定、学术研究等工作，均能提供一定的参考。

图书在版编目（CIP）数据

长江三角洲经济社会发展数据报告. 农业 / 赵华等著. —北京：科学出版社，2022.1
ISBN 978-7-03-064298-1

Ⅰ. ①长… Ⅱ. ①赵… Ⅲ. ①长江三角洲-区域经济发展-研究报告 ②长江三角洲-社会发展-研究报告 ③长江三角洲-农业发展-研究报告 Ⅳ. ①F127.5

中国版本图书馆 CIP 数据核字（2020）第 018752 号

责任编辑：杨婵娟　吴春花 / 责任校对：韩　杨
责任印制：徐晓晨 / 封面设计：有道文化

科学出版社 出版
北京东黄城根北街 16 号
邮政编码：100717
http://www.sciencep.com

北京建宏印刷有限公司 印刷
科学出版社发行　各地新华书店经销

*

2022 年 1 月第　一　版　开本：720×1000　B5
2022 年 1 月第一次印刷　印张：11 1/2
字数：232 000
定价：79.00 元
（如有印装质量问题，我社负责调换）

"长江三角洲经济社会发展数据报告"（系列）
编 委 会

主 任 洪银兴

副主任 范从来　姜　宁（执行）　黄繁华

成 员（按姓氏拼音排序）

　　　　安同良　范从来　葛　扬　洪银兴
　　　　黄繁华　姜　宁　李晓春　刘志彪
　　　　马野青　曲兆鹏　沈坤荣　孙宁华
　　　　王思彤　魏守华　张二震　赵　华
　　　　郑江淮

前　言

长江三角洲（简称长三角）地区位于"一带一路"与长江经济带重要交汇地带。作为当代中国工业化、城镇化与国际化发展水平最高的地区之一，长三角地区在国家现代化建设和改革开放大局中具有重要的战略地位。

长三角地区因其优越的自然地理条件，历史上一直是我国重要的粮食和农副产品产地，社会公众生活水平、文化水平较高。农业发展相对稳定，也为这一地区工业化、城市化的发展提供了坚实的物质基础。20 世纪 90 年代之后，伴随着工业化和外向型经济的快速推进，长三角地区农业现代化转型发展迅速，农村工业化速度和农民收入提升较快。进入 21 世纪，长三角地区基本保持了工农间、城乡间的快速共同发展，在社会主义新农村建设和农村城镇化等方面取得了显著进展。农民收入、农业投入产出效率、农产品附加值、城乡一体化和城乡基本公共服务均等化水平处于全国前列。

党的十九大以来，我国宏观经济进入谋求高质量可持续发展的新时代。农业农村工作的重心转向以新发展理念为指导的乡村振兴与城乡融合发展。在 2020 年"决胜全面小康，决战脱贫攻坚"在全国范围内取得伟大历史性成就之后，进一步全面推进乡村振兴，使农业农村成为新格局下宏观经济高质量发展的"压舱石"和"助推器"，为"2035 年基本实现农业现代化"奠定坚实基础成为现阶段农业政策的重心。就长三角地区而言，区域一体化融合发展、域内产业链重构、价值链攀升、城市群同城化、数字化转型成为"十四五"时期区域发展规划的战略方向。在这一背景下，农业发展积极践行"农业强、农村美、农民富"的总体要求，通过推进乡村振兴，将"三农"现代化路径聚焦在农业技术进步、农产品附加值提高、农村人居环境改善和公共服务水平提高、农民市民化和职业化水平提高等深层次领域，开启了城乡融合发展的新阶段。

长期以来，有关长三角地区经济、产业与社会发展的文献资料，主要集中在制造业、城市化、国际贸易等"亮点"领域，涉及农业发展的资料相对较少。在区域经济高质量一体化转型的新时代，对长三角地区的农业发展、"三农"现代化进程与状况进行全面总结和系统归纳，一方面是对这一地区经济发展全貌的丰富和补充，有利于读者全面了解长三角地区；另一方面更是希望以数据的形式，从"三农"现代化路径、状态演进的历史视角，对这一地区农业发展的进程给予尽可能全面的记录和描述，将其作为理论研究和政策分析的参考工具，为新时代乡村振兴战略和城乡融合发展的有效推进提供事实佐证和路径参照。

本报告的基础数据来源为统计部门、各有关行政职能部门 21 世纪以来的报表资料。为了全面、清晰地反映长三角地区农业农村发展变迁的全貌，本报告将各地市涉农数据按照农业生产、农业要素投入、农业实物产出、农村发展和农民收支这 5 个主题进行整合。其中，农业生产包含农业总产值、农业产业结构、种植业、林业、牧业、渔业和农林牧渔服务业 7 个指标。农业要素投入包含耕地、农作物播种面积、粮食作物播种面积、有效灌溉面积、农业机械总动力、农用拖拉机拥有量、农业机耕面积、农业化肥施用量、农用塑料薄膜使用量和农药使用量 10 个指标。农业实物产出包含粮食产量、油料作物产量、棉花产量、水产品产量、蔬菜产量、茶叶产量、蚕茧产量和水果产量 8 个指标。农村发展包含农村基层组织、城镇化率、人均住房面积、农村从业人口、农村户数和农村用电量 6 个指标。农民收支包含农民收入和农民支出 2 个指标。

关于本报告的内容呈现，有如下三点需要在此予以特别说明。

第一，关于数据分析。本报告以客观反映长三角地区农业发展状况为目的，除对相关数据和图表进行必要的补充说明外，不做展开分析，不对相关事实的理论及政策背景、经济绩效、因果关系等进行价值判断，一切结论和认知交由读者通过数据图表自行得出。因数值修约，本报告部分数据存在进舍误差。

第二，关于数据范围。虽然《长江三角洲城市群发展规划》（发改规划〔2016〕1176 号）将传统上"江浙沪两省一市"计 16 个城市构成的长三角核心区，扩容为包括安徽、江苏、浙江三省与上海市的共 26 个城市，从而形成总面积达 21.17 万平方千米的广域长三角地区，但是考虑到相关数据的完整性、连续性与可得性，本报告的数据范围仍限定为上海市，江苏省的南京市、无锡市、常州市、苏州市、南通市、扬州市、镇江市、泰州市，以及浙江省的杭州市、宁波市、嘉兴市、湖州市、绍兴市、舟山市、台州市共 16 个城市的传统长三角核心区。扩容后新增地市的数据将在之后的报

前言

告中逐步增补。

第三，关于统计时期。由于20世纪90年代（及之前）的统计信息缺失较多，本报告将数据统计起始年份设定为2000年（事实上，即使2000年之后的数据，也由于各地行政机关职能调整、统计口径差异、管理制度规定等原因，难以全部获得）。在不影响读者做出全面客观判断的前提下，本报告的统计截止期以能够得到数据的最近年度为准。如读者有取得更详细数据的需要，请与本报告作者联系。

《长江三角洲经济社会发展数据报告》编委会

2021年7月

目 录

前言 ··· i

1 农业生产 ·· 1

    1.1 农业总产值 ·· 2

    1.2 农业产业结构 ·· 8

    1.3 种植业 ·· 9

    1.4 林业 ··· 15

    1.5 牧业 ··· 21

    1.6 渔业 ··· 27

    1.7 农林牧渔服务业 ··· 32

2 农业要素投入 ·· 39

    2.1 耕地 ··· 40

    2.2 农作物播种面积 ··· 42

    2.3 粮食作物播种面积 ··· 48

    2.4 有效灌溉面积 ··· 54

    2.5 农业机械总动力 ··· 60

    2.6 农用拖拉机拥有量 ··· 65

    2.7 农业机耕面积 ··· 72

2.8　农业化肥施用量 ………………………………………… 77
　　2.9　农用塑料薄膜使用量 …………………………………… 81
　　2.10　农药使用量 …………………………………………… 86

3　农业实物产出 ……………………………………………… 93
　　3.1　粮食产量 ………………………………………………… 94
　　3.2　油料作物产量 …………………………………………… 100
　　3.3　棉花产量 ………………………………………………… 106
　　3.4　水产品产量 ……………………………………………… 111
　　3.5　蔬菜产量 ………………………………………………… 116
　　3.6　茶叶产量 ………………………………………………… 121
　　3.7　蚕茧产量 ………………………………………………… 124
　　3.8　水果产量 ………………………………………………… 127

4　农村发展 …………………………………………………… 133
　　4.1　农村基层组织 …………………………………………… 134
　　4.2　城镇化率 ………………………………………………… 137
　　4.3　人均住房面积 …………………………………………… 138
　　4.4　农村从业人口 …………………………………………… 142
　　4.5　农村户数 ………………………………………………… 148
　　4.6　农村用电量 ……………………………………………… 154

5　农民收支 …………………………………………………… 161
　　5.1　农民收入 ………………………………………………… 162
　　5.2　农民支出 ………………………………………………… 166

后记 ……………………………………………………………… 169

1 农业生产

1.1 农业总产值

根据《国民经济行业分类》（GB/T 4754—2011）和国家统计局国民经济核算指标的解释，农业总产值指一定时期（通常为一年）内，以货币形式表现的农、林、牧、渔业生产活动的最终成果。农业总产值反映了辖区内农业生产的总规模和总成果。根据农业生产的季节周期性特点，农业总产值统计采用"产品法"核算，即用农林牧渔业产品及其副产品的产量分别乘以各自的价格算出，最后将所有农产品的产值加总得到农业总产值。

表 1-1 为 2000～2017 年长三角核心区 16 个城市农业总产值。在空间维度上，各城市间的差距不太明显；在时间维度上，各城市农业总产值总体上稳定增长。从表中可见，除南通市外，所有城市农业总产值都不超过 500 亿元，且大部分呈现缓慢增长态势。其中，上海市、无锡市和嘉兴市自 2013 年以后呈下降趋势。

表 1-1 2000～2017 年长三角核心区 16 个城市农业总产值（单位：亿元）

城市	2000年	2001年	2002年	2003年	2004年	2005年	2006年	2007年	2008年
上海市	216.50	227.61	233.57	247.29	248.89	233.39	237.01	255.98	280.35
南京市	106.34	113.29	120.01	132.59	149.66	155.38	165.06	174.92	194.01
苏州市	169.30	173.46	174.46	156.27	163.87	162.87	172.18	181.08	233.52
扬州市				139.12	159.28	171.01	182.63	197.21	230.70
镇江市		64.56	66.76		66.95	68.36	73.67	80.06	92.09
泰州市		133.80	138.85	135.59	158.19	158.41	166.18	178.23	203.23
无锡市	90.47		97.79		92.54	95.38	101.23	107.67	124.47
常州市	85.88	89.37	92.67	90.63	99.42	104.10	101.99	108.87	149.77
南通市	246.88	257.36	267.86	241.86	277.56	292.69	305.41	324.50	395.20
杭州市	152.65	164.00	168.50	189.01	198.27	219.48	225.38	247.14	273.76
宁波市	148.37	156.43	163.31	173.75	193.13	207.40	207.93	236.92	262.44
湖州市	86.94	78.76	80.44	86.45	102.09	106.08	113.73	129.08	144.45
嘉兴市	94.65	102.36	100.88	114.79	130.01	139.68	140.53	164.88	180.87
舟山市	74.52	73.81	72.85	74.53	83.49	87.19	82.23	88.50	97.86
绍兴市	118.31	120.74	122.78	126.63	129.19	141.41	142.56	162.59	178.14
台州市	153.21	158.94	162.98	167.78	174.12	184.79	195.68	216.16	211.96

续表

城市	2009年	2010年	2011年	2012年	2013年	2014年	2015年	2016年	2017年
上海市	283.15	287.03	314.58	321.73	323.48	322.22	302.62	285.09	261.59
南京市	223.66	244.75	283.51	318.54	351.31	384.63	415.27	451.16	470.65
苏州市	248.93	271.29	309.86	337.72	369.82	392.49	415.17	424.68	424.69
扬州市	256.42	285.89	330.31	369.08	403.93	431.98	460.30	477.95	495.68
镇江市	113.22	122.72	153.25	176.49	196.14	214.02	232.28	240.71	247.07
泰州市	213.21	247.76	294.28	322.11	344.59	361.94	379.53	415.96	457.23
无锡市	152.69	171.01	202.02	224.15	241.43	253.76	255.61	249.98	249.91
常州市	160.77	174.08	194.68	219.58	240.11	256.81	271.76	283.97	293.58
南通市	420.58	463.31	502.27	548.86	594.78	631.32	664.19	691.55	727.03
杭州市	289.74	316.34	357.07	384.34	399.37	418.58	440.41	449.01	457.69
宁波市	286.78	339.59	397.93	419.81	428.72	432.48	447.32	463.31	464.51
湖州市	153.09	176.32	198.52	208.48	212.98	211.40	213.44	223.07	221.72
嘉兴市	182.97	213.88	243.83	253.85	255.67	249.12	236.62	230.34	226.99
舟山市	102.39	121.27	149.94	163.67	187.76	199.48	219.27	252.34	280.37
绍兴市	190.06	225.80	260.17	278.77	291.21	296.95	303.25	317.44	316.15
台州市	230.38	276.02	328.90	349.15	372.96	379.34	404.77	449.47	471.97

注：扬州市、镇江市、泰州市和无锡市2004年前部分年份数据未收集到，故空缺

1.1.1 从数字看形势

2017年，长三角核心区农业总产值为6066.83亿元，比上年增长2.72%。区域农业总产值占全国农业总产值的比重达9.83%。其中，上海市农业总产值为261.59亿元，占比为4.31%；江苏地区农业总产值为3365.83亿元，占比为55.48%；浙江地区农业总产值为2439.41亿元，占比为40.21%。16个城市中，江苏省南通市以727.03亿元居第一位，浙江省湖州市以221.72亿元列最后一位。区域农业总产值占比10%及以上的城市仅南通市。从地区内部来看，江苏地区南通市、扬州市和南京市分别位列前三；浙江地区台州市、宁波市和杭州市分别位列前三（表1-2）。

从2000~2017年各城市农业总产值增长的状况来看，除上海市以外，其余各城市2017年的农业总产值均比2000年增加1倍以上，其中南京市增加超过3倍。

表 1-2 2017 年长三角核心区 16 个城市农业总产值及增长情况

城市	2017年农业总产值 总额（亿元）	2017年农业总产值 占比（%）	2017年比2000年增长倍数（倍）	2000～2017年年均增长率（%）
上海市	261.59	4.31	0.21	1.13
南京市	470.65	7.76	3.43	9.15
苏州市	424.69	7.00	1.51	5.56
扬州市	495.68	8.17	2.56	9.50
镇江市	247.07	4.07	2.83	8.75
泰州市	457.23	7.54	2.42	7.98
无锡市	249.91	4.12	1.76	6.15
常州市	293.58	4.84	2.42	7.50
南通市	727.03	11.98	1.94	6.55
杭州市	457.69	7.54	2.00	6.68
宁波市	464.51	7.66	2.13	6.94
湖州市	221.72	3.66	1.55	5.66
嘉兴市	226.99	3.74	1.40	5.28
舟山市	280.37	4.62	2.76	8.10
绍兴市	316.15	5.21	1.67	5.95
台州市	471.97	7.78	2.08	6.84
总计	6066.83	100.00		

注：由于部分城市 2000 年数据缺失，在计算增长倍数和年均增长率时，扬州市以 2003 年为起始年，镇江市和泰州市以 2001 年为起始年

2017 年，长三角核心区 16 个城市平均农业总产值为 379.18 亿元。其中，江苏地区的南京市、苏州市、扬州市、泰州市、南通市和浙江地区的杭州市、宁波市、台州市 8 个城市高于平均水平，其余 8 个城市低于平均水平，如图 1-1 所示。高于平均水平的 8 个城市的农业总产值为 3969.45 亿元，占长三角核心区农业总产值的 65.43%。

图 1-2 为 2004 年、2010 年、2017 长三角核心区 16 个城市年农业总产值情况。图中显示，2004～2010 年各城市农业总产值都有所增长，2010～2017 年部分城市增长有所放缓，如湖州市和嘉兴市，上海市则出现下降。

1 农业生产

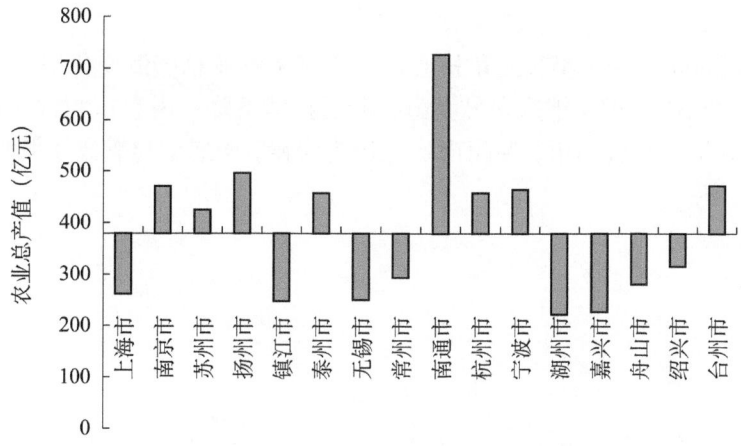

图 1-1 2017 年长三角核心区 16 个城市农业总产值与平均值比较

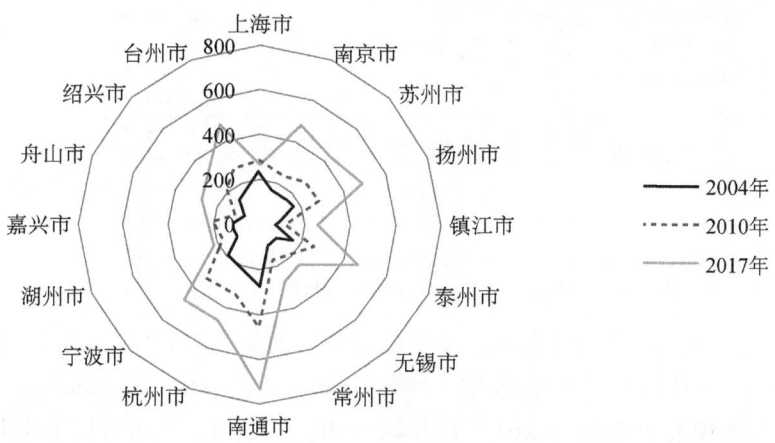

图 1-2 2004 年、2010 年、2017 年长三角核心区 16 个城市农业总产值情况

图中数字表示农业总产值，单位为亿元

1.1.2 从增速看发展

2004 年后，长三角核心区农业总产值总体呈波动上升状态，由 2004 年的 2426.66 亿元增长到 2017 年的 6066.83 亿元，年均增长率为 7.30%。根据长三角核心区 16 个城市 2000～2017 年农业总产值的情况，上海市在 2000～2013 年处于增长状态，并在 2013 年达到历年最高，为 323.48 亿元，年均增长率为 3.14%，自 2014 年开始逐年

下降。

图 1-3 为 2000～2017 年长三角核心区主要城市农业总产值变化情况。图中显示，上海市农业总产值在 2013 年达到最大值，此后持续下降；南京市和杭州市持续上涨，南京市于 2016 年超过杭州市；湖州市变化较为缓慢；南通市显著高于其他城市，且保持一定的增长率。

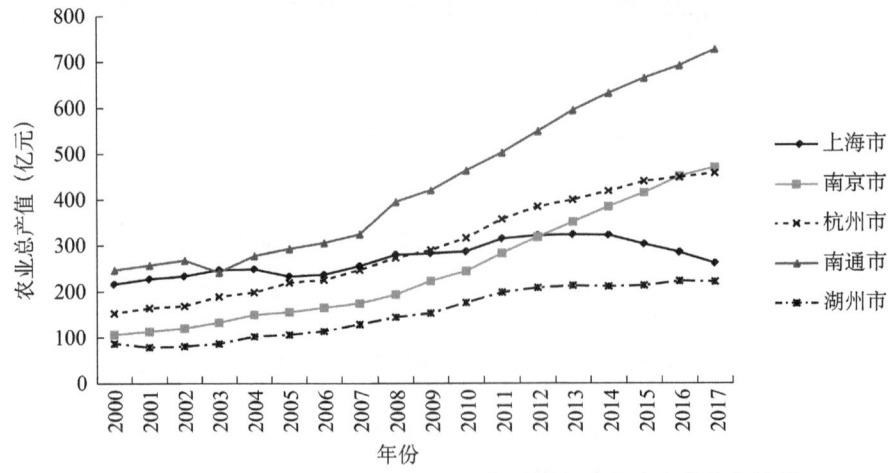

图 1-3　2000～2017 年长三角核心区主要城市农业总产值变化情况
图中主要城市选择标准在于上海市为直辖市、南京市与杭州市为省会城市，需包含在内，南通市和湖州市分别是 2017 年的最大值和最小值，具有比较意义

如图 1-4 所示，江苏地区农业总产值由 2004 年的 1167.47 亿元增长到 2017 年的 3365.84 亿元，13 年间增长了 1.88 倍，年均增长率为 8.49%；浙江地区农业总产值由 2004 年的 1010.30 亿元增长到 2017 年的 2439.40 亿元，13 年间增长了 1.41 倍，年均增长率为 7.02%。分地区来看，江苏地区农业总产值和年均增长率相对较高，浙江地区在农业规模和年均增长率方面均低于江苏地区。

图 1-5 显示了 2005～2017 年上海市、江苏地区、浙江地区农业总产值增长率变化情况。其中，上海市农业规模较小，且增长率波动明显。上海市农业总产值增长率在 2008 年达到 9.52% 的增长高峰，随后不断下降，直至 2013 年接近于 0（比上年增长 0.54%）。其后，上海市农业总产值进入负增长期，且增长率逐年下降（由 2014 年的 -0.39% 下降到 2017 年的 -8.24%）。这一事实表明，非农产业的持续扩张是新时代以来上海市经济结构变迁的主要趋势。

1 农业生产

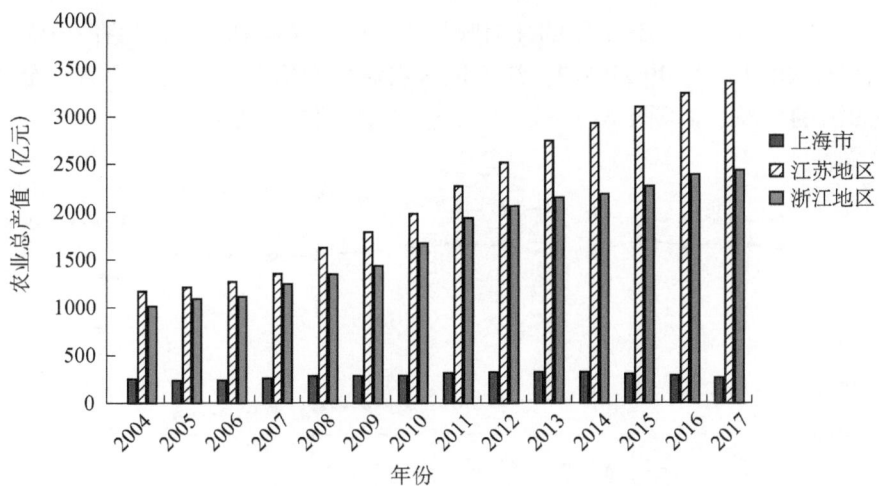

图1-4 2004~2017年上海市、江苏地区、浙江地区农业总产值变化情况

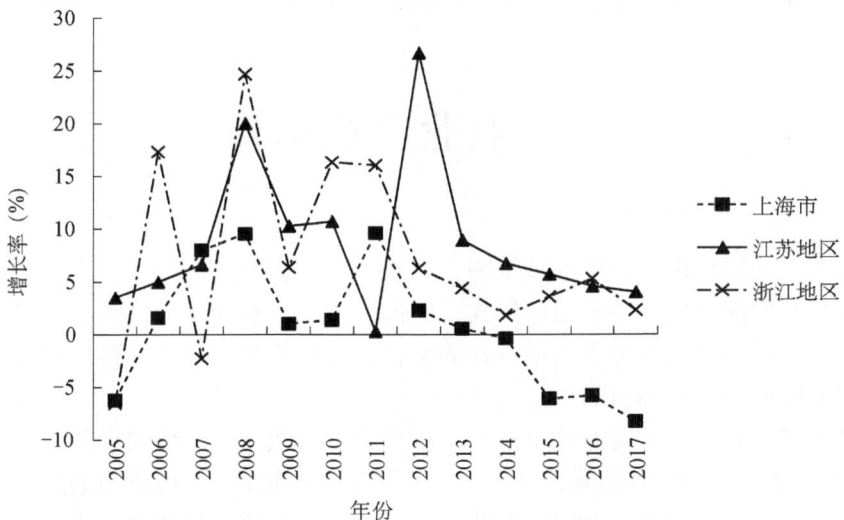

图1-5 2005~2017年上海市、江苏地区、浙江地区农业总产值增长率变化情况

1.1.3 从结构看特征

2004年之后，上海市农业总产值占长三角核心区农业总产值的比重不断下降，由

2004年的10.26%下降到2017年的4.31%。浙江地区农业总产值占比在39%～46%之间波动下滑，2017年为40.21%22。江苏地区农业总产值占比波动式上升，至2017年达到55.48%的新高。如图1-6所示，未来这一趋势可能继续保持。

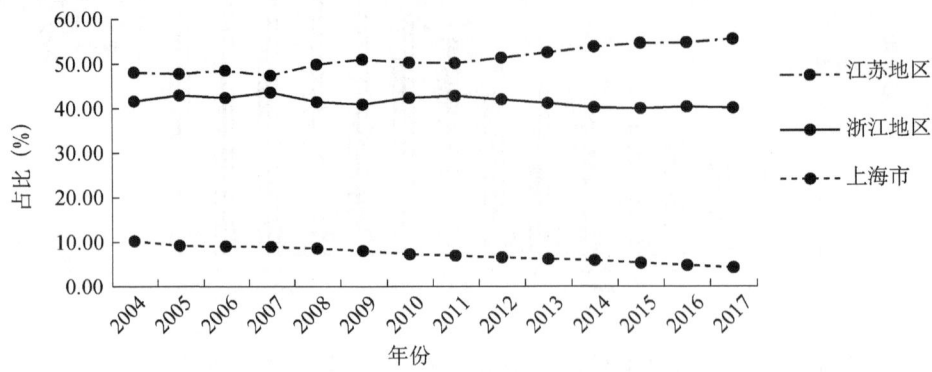

图1-6　2004～2017年上海市、江苏地区、浙江地区农业总产值占比分布

1.2　农业产业结构

农业产业结构是指在一定区域（国家、地区）内农业各部门和各生产项目的构成情况，包括它们的比例关系、结合形式、地位作用。对农业产业结构进行调整，可使一个国家或地区的农业资源得到最合理的配置，从而使农业生产取得最好的收益，实现农业产业结构合理化的目的。

农业发展是在一定的资源约束条件下进行的，农业总产值反映了区域的经济发展状况。长三角核心区16个城市的农业总产值存在一定的差异，但单纯的总量衡量往往不能全面地反映区域的实际情况。因此，通过农业总产值的具体产业构成，从构成的角度来审视农业总产值状况。如表1-3所示，2017年长三角核心区大部分城市在农业产业结构上以种植业为主，但在具体城市、具体产业存在一定的差异。上海市种植业占比最大，达到53.97%，林业和相关服务业产业占比较小。江苏地区农林牧渔服务业在农业产业结构中相对较为重要，苏州市、镇江市、无锡市、南通市该产业占比均超过10%，但仍基本以种植业为主，其中常州市林业较为发达，占比达到41.52%。浙江地区总体以种植业为主，相对而言渔业占比较大，其中舟山市达到95.32%。

表 1-3 2017 年长三角核心区 16 个城市农业产业结构 （单位：%）

城市	种植业	林业	牧业	渔业	农林牧渔服务业
上海市	53.97	5.71	15.62	20.36	4.34
南京市	57.15	5.65	8.67	23.42	5.11
苏州市	42.65	5.92	7.53	32.52	11.38
扬州市	46.28	2.60	15.14	30.42	5.56
镇江市	56.29	3.80	12.56	14.56	12.79
泰州市	55.03	0.79	15.95	23.28	4.95
无锡市	57.93	8.28	7.96	14.35	11.48
常州市	31.87	41.52	7.09	15.70	3.82
南通市	42.32	0.65	22.48	23.83	10.72
杭州市	59.84	12.00	14.98	9.90	3.28
宁波市	50.01	3.72	7.69	35.11	3.47
湖州市	45.78	10.48	9.75	28.79	5.20
嘉兴市	60.58	0.69	16.07	16.06	6.60
舟山市	3.64	0.09	0.95	95.32	
绍兴市	66.31	9.10	11.83	11.83	0.93
台州市	32.90	1.43	6.35	58.36	0.96
上海市	53.97	5.71	15.62	20.36	4.34
江苏地区	47.67	8.79	13.34	23.50	6.70
浙江地区	45.80	5.37	9.52	36.60	2.71
总计	47.18	7.30	11.91	28.60	5.01

注：舟山市统计局未统计农林牧渔服务业产值，故数据空缺；江苏地区和浙江地区农业各产业比重为 2017 年该地区某一产业产值占 2017 年该地区农业总产值的比重

1.3 种 植 业

种植业通常指栽培农作物以取得植物性产品的农业生产部门，同林业、畜牧业、副业和渔业合在一起，成为广义的农业。种植业包括各种农作物、林木、果树、药用和观赏等植物的栽培，分为粮食作物、经济作物、蔬菜作物、绿肥作物、饲料作物、牧草、花卉等园艺作物。

表 1-4 为 2000～2017 年长三角核心区 16 个城市种植业总产值。在空间维度上，

各城市间的差距较为明显；在时间维度上，各城市种植业总产值总体上稳定增长。从表中可见，除南通市、苏州市、湖州市和舟山市外，其他城市种植业总产值从不足100亿元增长到超过139亿元，大部分呈现缓慢增长态势。

表1-4 2000～2017年长三角核心区16个城市种植业总产值（单位：万元）

城市	2000年	2001年	2002年	2003年	2004年	2005年	2006年	2007年	2008年
上海市	898 100	955 300	972 100	981 700	1 093 200	1 112 500	1 199 900	1 267 400	1 375 200
南京市	616 473			675 733		854 544		944 763	1 051 973
苏州市	1 001 634	962 669	901 031	561 773	589 162	577 417	663 120	663 883	878 179
扬州市		652 900	659 900		654 500	713 600	804 300	851 400	986 831
镇江市	433 700	450 400	460 900		404 600	408 000	443 400	462 000	533 602
泰州市		764 600	784 100		797 200	836 800	871 100	883 100	996 235
无锡市	539 400		578 900		429 200	436 100	469 700	515 800	623 493
常州市		476 100	459 100	428 900	476 300	501 400	532 700	517 100	588 944
南通市	1 341 400	1 439 500	1 478 500	1 084 700	1 228 800	1 266 900	1 295 800	1 360 400	1 625 600
杭州市	903 322	965 005	932 995	991 556	1 010 947	1 136 559	1 224 822	1 308 047	1 462 791
宁波市	715 700	743 100	736 500	774 200	869 400	911 400	971 400	1 072 200	1 193 100
湖州市	472 147	363 043	371 453	393 154	461 598	423 333	454 993	545 721	633 944
嘉兴市	523 020	537 257	518 748	541 842	604 590	640 318	669 845	722 471	805 939
舟山市	70 861	74 583	63 371	63 444	57 801	59 161	62 557	65 352	72 258
绍兴市	710 545	716 749	709 547	726 679	740 224	841 836	920 602	993 922	1 086 254
台州市	478 300	524 114	551 293	583 703	610 132	658 669	710 811	778 134	803 703
城市	2009年	2010年	2011年	2012年	2013年	2014年	2015年	2016年	2017年
上海市	1 475 300	1 552 700	1 650 700	1 714 800	1 722 800	1 695 100	1 620 400	1 485 300	1 411 800
南京市	1 228 116	1 394 403	1 624 518	1 834 683	2 052 345	2 184 996	2 399 141	2 587 494	2 689 900
苏州市	940 627	1 052 848	1 210 220	1 350 458	1 507 763	1 614 539	1 728 527	1 788 110	1 811 431
扬州市	1 147 100	1 369 800	1 570 700	1 710 000	1 884 300	2 018 100	2 134 500	2 211 786	2 293 984
镇江市	586 300	652 400	800 300	948 600	1 072 773	1 190 600	1 296 000	1 341 284	1 390 869
泰州市	1 171 300	1 340 700	1 542 500	1 711 200	1 877 200	2 010 600	2 094 300	2 288 470	2 516 046
无锡市	710 200	832 500	988 600	1 114 100	1 253 200	1 370 800	1 441 300	1 403 030	1 447 781
常州市	865 249	950 294	1 077 873	1 208 173	1 297 300	1 387 500	1 472 400	1 524 300	1 588 800
南通市	1 759 400	2 074 600	2 179 300	2 437 100	2 636 300	2 789 400	2 906 000	2 946 100	3 077 000
杭州市	1 462 791	1 673 740	1 882 876	2 041 481	2 120 540	2 291 071	2 468 981	2 558 927	2 677 779
宁波市	1 346 400	1 675 100	1 916 400	2 011 900	2 022 800	2 095 100	2 152 400	2 733 143	2 742 032
湖州市	676 188	817 961	894 007	936 259	950 085	960 387	971 134	995 240	978 978

续表

城市	2009年	2010年	2011年	2012年	2013年	2014年	2015年	2016年	2017年
嘉兴市	842 772	1 008 674	1 082 022	1 205 956	1 227 071	1 255 179	1 314 018	1 393 945	1 432 037
舟山市	78 977	91 147	99 291	103 944	110 244	113 940	112 995	110 164	104 132
绍兴市	1 181 223	1 436 307	1 617 599	1 754 108	1 832 284	1 924 238	1 980 509	2 076 936	2 117 582
台州市	871 347	1 055 423	1 176 929	1 264 092	1 296 656	1 336 177	1 380 456	1 481 397	1 552 896

注：南京市、扬州市、镇江市、泰州市、无锡市和常州市2007年前部分年份数据未收集到，故空缺

1.3.1 从数字看形势

2017年，长三角核心区累计完成种植业总产值29 833 047万元。其中，上海市种植业总产值为1 411 800万元，占比为4.73%；江苏地区种植业总产值为16 815 811万元，占比为56.36%；浙江地区种植业总产值为11 605 436万元，占比为38.91%。16个城市中，南通市以3 077 000万元列第一位，舟山市以104 132万元列最后一位（表1-5）。占比在10%以上的城市仅南通市，种植业总产值在300亿元以上的城市仅南通市。从地区内部来看，江苏地区南通市、南京市和泰州市分别位列前三；浙江地区宁波市、杭州市和绍兴市分别位列前三。从年均增长率来看，各城市种植业总产值均处于增长态势，南京市增长最快，年均增长率达9.05%；舟山市增长最慢，年均增长率仅2.29%。

表1-5 2017年长三角核心区16个城市种植业总产值及增长情况

城市	种植业总产值		2017年比2000年增长倍数（倍）	2000～2017年年均增长率（%）
	总额（万元）	占比（%）		
上海市	1 411 800	4.73	0.57	2.70
南京市	2 689 900	9.02	3.36	9.05
苏州市	1 811 431	6.07	0.81	3.55
扬州市	2 293 984	7.69	2.51	8.17
镇江市	1 390 869	4.66	2.21	7.10
泰州市	2 516 046	8.43	2.29	7.73
无锡市	1 447 781	4.85	1.68	5.98
常州市	1 588 800	5.33	2.34	7.82
南通市	3 077 000	10.31	1.29	5.00
杭州市	2 677 779	8.98	1.96	6.60

续表

城市	种植业总产值		2017年比2000年增长倍数（倍）	2000~2017年年均增长率（%）
	总额（万元）	占比（%）		
宁波市	2 742 032	9.19	2.83	8.22
湖州市	978 978	3.28	1.07	4.38
嘉兴市	1 432 037	4.80	1.74	6.10
舟山市	104 132	0.35	0.47	2.29
绍兴市	2 117 582	7.10	1.98	6.63
台州市	1 552 896	5.21	2.25	7.17
总计	29 833 047	100.00		

注：部分城市2000年数据缺失，在计算增长倍数和年均增长率时，扬州市、泰州市和常州市以2001年为起始年

2017年，长三角核心区16个城市平均种植业总产值为1 864 565万元。其中，江苏地区的南京市、扬州市、泰州市、南通市和浙江地区的杭州市、宁波市、绍兴市7个城市高于平均水平，其余9个城市低于平均水平，如图1-7所示。高于平均水平的7个城市的种植业总产值为18 114 323万元，占长三角核心区种植业总产值的60.72%。

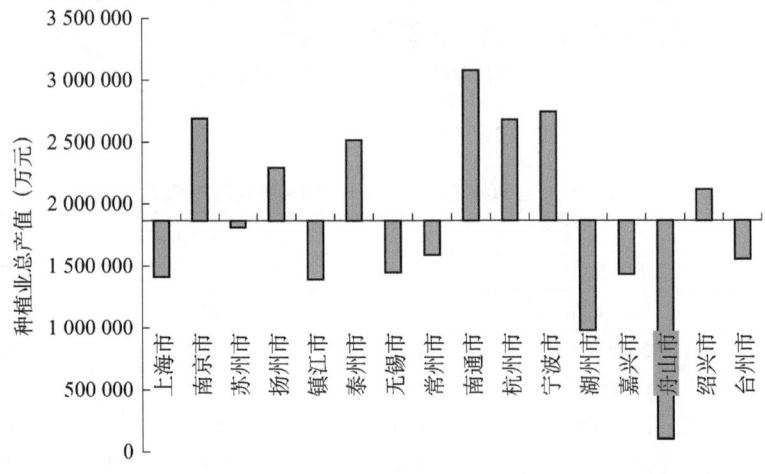

图1-7　2017年长三角核心区16个城市种植业总产值与平均值比较

图1-8为2005年、2010年、2017年长三角核心区16个城市种植业总产值情况。图中显示，2005~2010年各城市种植业总产值都有所增长，2010~2017年部分城市种植业总产值增长有所放缓，上海市是唯一出现产值下降的城市。舟山市种植业总产值较小，变化不明显。

1 农业生产

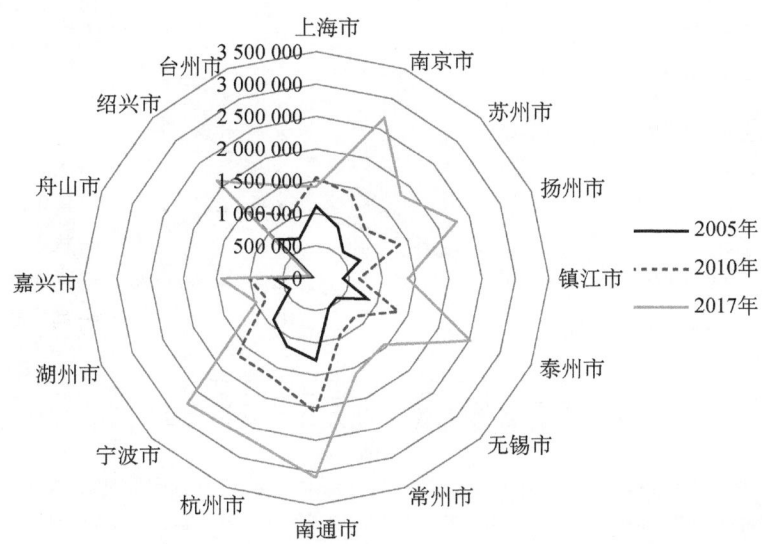

图 1-8　2005 年、2010 年、2017 年长三角核心区 16 个城市种植业总产值情况

图中数字表示种植业总产值，单位为万元

1.3.2　从增速看发展

图 1-9 为 2000～2017 年长三角核心区主要城市种植业总产值变化情况。图中显示，上海市种植业总产值自 2013 年达到最大值，此后持续下降；南京市、杭州市持续上涨，南京市于 2016 年超过杭州市；湖州市变化较为缓慢；南通市显著高于其他城市，且保持一定的增长率。

进入 21 世纪，长三角核心区种植业总产值总体处于波动上升状态，由 2008 年的 14 718 046 万元增长到 2017 年的 29 833 047 万元，增长了 1.03 倍，年均增长率为 8.17%。根据长三角核心区 16 个城市 2008～2017 年种植业总产值的情况，上海市在 2008～2013 年处于增长状态，但 2014 年出现下降势头，2008～2017 年增长了 0.03 倍，年均增长率为 0.29%；江苏地区增长了 1.31 倍，年均增长率为 9.74%；浙江地区增长了 0.92 倍，年均增长率为 7.49%。江苏地区的增长较显著，如图 1-10 所示。

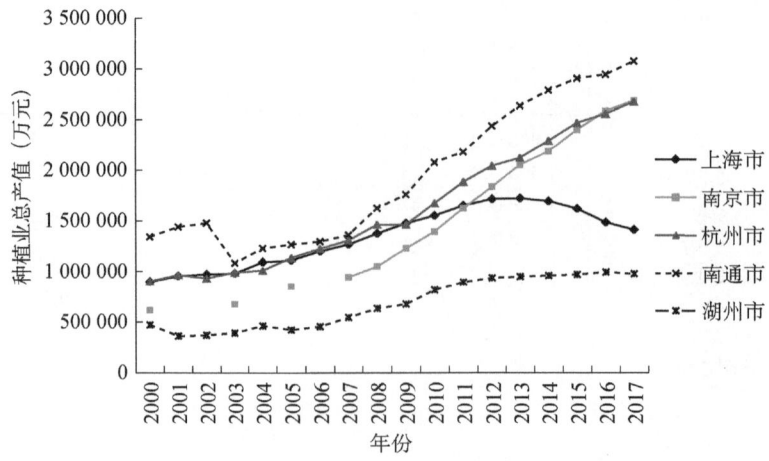

图 1-9 2000～2017 年长三角核心区主要城市种植业总产值变化情况

图中主要城市选择标准在于上海市为直辖市、南京市与杭州市为省会城市,需包含在内,南通市是 2017 年的最大值,湖州市是 2017 年次小值(舟山市种植业总产值低,不做比较),具有比较意义

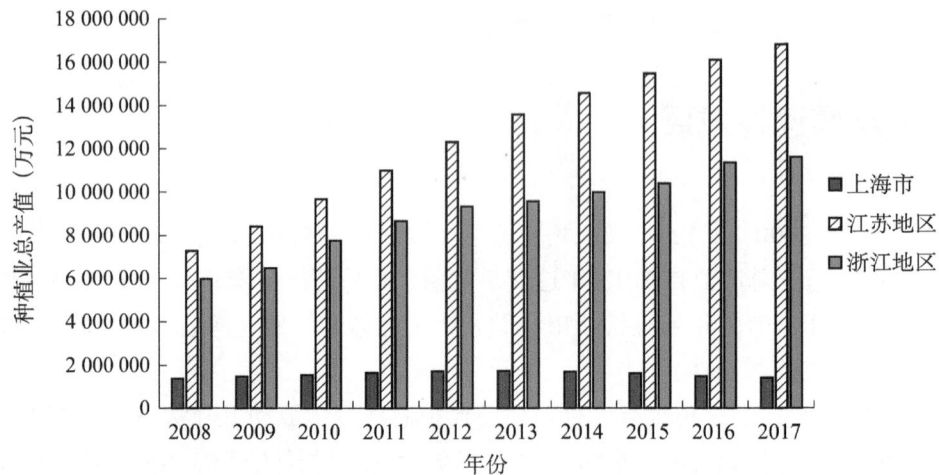

图 1-10 2008～2017 年上海市、江苏地区、浙江地区种植业总产值变化情况

1.3.3 从结构看特征

2007～2017 年,上海市种植业总产值占长三角核心区种植业总产值的比重不断下降,由 9.79%下降到不足 5%;浙江地区种植业总产值占比由 42.36%波动下滑至

38.90%；江苏地区种植业总产值占比波动上升，保持在47%以上，未来这一趋势还有可能保持，如图1-11所示。

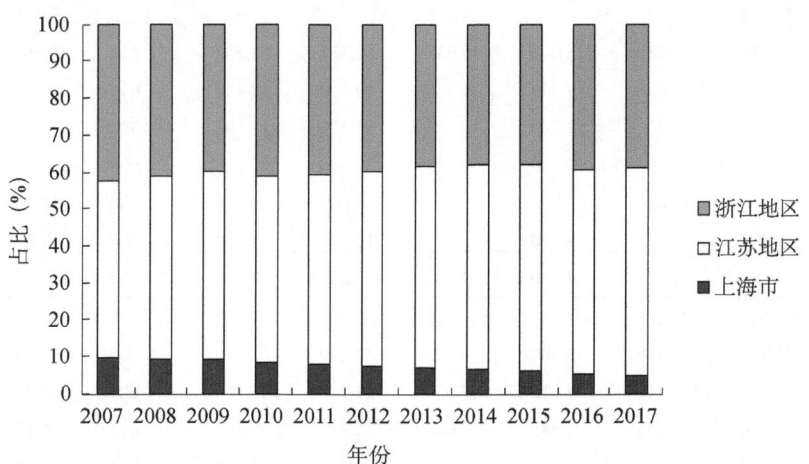

图1-11　2007~2017年上海市、江苏地区、浙江地区种植业总产值占比分布

1.4　林　　业

林业是指为保护生态环境保持生态平衡，从事森林、林木的保护、培育、利用和森林、林木、林地经营管理的产业。作为国民经济中的重要部门，林业在人和生物圈中，应通过先进的科学技术和管理手段，培育、保护、利用森林资源，充分发挥森林的多种效益，且能持续经营森林资源，促进人口、经济、社会、环境和自然资源的协调发展。

表1-6为2000~2017年长三角核心区16个城市林业总产值。从表中可见，各城市林业总产值差异较大，嘉兴市、常州市、泰州市和南通市林业总产值较低且增长缓慢，舟山市林业总产值呈波动式下降态势，杭州市林业总产值远高于其他城市。

表1-6　2000~2017年长三角核心区16个城市林业总产值（单位：万元）

城市	2000年	2001年	2002年	2003年	2004年	2005年	2006年	2007年	2008年
上海市	14 100	35 200	77 500	130 500	131 400	111 100	104 300	100 500	91 200

续表

城市	2000年	2001年	2002年	2003年	2004年	2005年	2006年	2007年	2008年
南京市	24 033			18 645		19 637		22 788	24 505
苏州市	11 740	27 485	43 046	38 031	50 311	63 554	72 351	86 189	126 262
扬州市		30 600	39 200		40 400	48 400	53 000	56 500	65 753
镇江市		16 300	17 700		16 200	17 600	19 300	23 200	24 685
泰州市		29 500	39 300		27 800	31 300	33 600	36 600	33 294
无锡市	14 100	15 000	22 700		25 000	29 300	43 000	55 300	65 042
常州市	8 800	46 200	59 400		10 100	12 400	12 500	13 200	14 242
南通市	14 500	31 100	34 300	17 800	17 800	19 200	23 300	26 100	28 900
杭州市	136 848	149 264	162 227	182 595	206 787	233 039	267 748	294 707	320 212
宁波市	45 900	51 400	49 200	50 300	50 100	53 100	60 100	67 700	73 200
湖州市	92 982	100 105	107 016	117 053	127 766	143 564	150 605	159 828	171 037
嘉兴市	3 216	2 953	4 885	6 067	5 716	5 991	5 612	6 137	6 534
舟山市	2 394	2 125	1 887	1 743	1 858	1 759	1 661	1 721	1 911
绍兴市	106 916	114 048	126 013	131 721	111 690	113 769	122 159	138 694	148 166
台州市	22 084	24 193	27 798	29 265	28 694	28 443	32 408	36 307	37 606

城市	2009年	2010年	2011年	2012年	2013年	2014年	2015年	2016年	2017年
上海市	89 900	75 300	76 200	95 500	96 500	87 800	121 500	132 000	149 400
南京市	30 453	31 168	32 153	33 868	36 620	198 412	219 509	242 567	265 918
苏州市	147 646	161 828	179 825	204 834	231 267	244 711	258 763	247 639	251 247
扬州市	77 200	71 700	77 800	87 700	93 800	101 300	111 400	120 229	128 817
镇江市	45 900	43 100	62 200	72 000	83 300	91 100	93 800	90 800	93 900
泰州市	36 000	28 500	31 000	34 800	35 500	35 500	35 800	36 000	36 100
无锡市	144 100	155 400	174 900	186 700	193 200	198 200	181 200	185 300	207 000
常州市	15 400	12 625	14 800	15 500	17 400	18 100	19 000	19 700	20 700
南通市	30 600	30 000	30 700	33 800	37 300	40 700	45 400	46 000	47 500
杭州市	362 317	329 278	348 535	381 802	408 170	470 164	498 051	530 464	549 138
宁波市	88 500	98 300	108 600	114 300	116 400	125 100	132 400	184 946	203 918
湖州市	188 782	196 710	214 079	231 157	231 739	214 668	217 702	221 306	224 235
嘉兴市	5 501	7 666	8 519	9 195	9 529	11 977	14 137	15 581	16 205
舟山市	4 449	2 251	2 823	3 514	3 227	2 591	2 280	2 120	2 359
绍兴市	166 798	190 181	217 313	240 244	251 963	261 538	269 055	279 175	290 750
台州市	40 933	53 696	56 579	59 886	58 980	63 033	61 368	63 590	67 279

注：南京市、扬州市、镇江市、泰州市、无锡市、常州市2007年前部分年份数据未收集到，故空缺

1.4.1 从数字看形势

2017年长三角核心区累计完成林业总产值2 554 466万元。其中，上海市林业总产值为149 400万元，占比为5.85%；江苏地区林业总产值为1 051 182万元，占比为41.15%；浙江地区林业总产值为1 353 884万元，占比为53.00%。16个城市中，杭州市以549 138万元位列第一，舟山市以2359万元列最后一位（表1-7）。从年均增长率来看，除舟山市外，各城市林业总产值均处于增长态势，苏州市增长最快，年均增长率为19.75%，江苏地区增速快于浙江地区。

表1-7　2017年长三角核心区16个城市林业总产值及增长情况

城市	林业总产值		2017年比2000年增长倍数（倍）	2000～2017年年均增长率（%）
	总额（万元）	占比（%）		
上海市	149 400	5.85	9.60	14.90
南京市	265 918	10.41	10.06	15.19
苏州市	251 247	9.84	20.40	19.75
扬州市	128 817	5.04	3.21	9.40
镇江市	93 900	3.68	4.76	11.57
泰州市	36 100	1.41	0.22	1.27
无锡市	207 000	8.10	13.68	17.12
常州市	20 700	0.81	1.35	5.16
南通市	47 500	1.86	2.28	7.23
杭州市	549 138	21.50	3.01	8.52
宁波市	203 918	7.98	3.44	9.17
湖州市	224 235	8.78	1.41	5.31
嘉兴市	16 205	0.63	4.04	9.98
舟山市	2 359	0.09	−0.01	−0.09
绍兴市	290 750	11.38	1.72	6.06
台州市	67 279	2.63	2.05	6.77
总计	2 554 466	100.00		

注：扬州市、镇江市和泰州市2000年数据缺失，在计算增长倍数和年均增长率时，以2001年为起始年

2017年，长三角核心区16个城市平均林业总产值为159 654.13万元。其中，江苏地区的南京市、苏州市、无锡市和浙江地区的杭州市、宁波市、湖州市、绍兴市7个城市高于平均水平，其余9个城市低于平均水平，如图1-12所示。高于平均水平的7个城市的林业总产值为1 992 206万元，占长三角核心区林业总产值的77.99%。

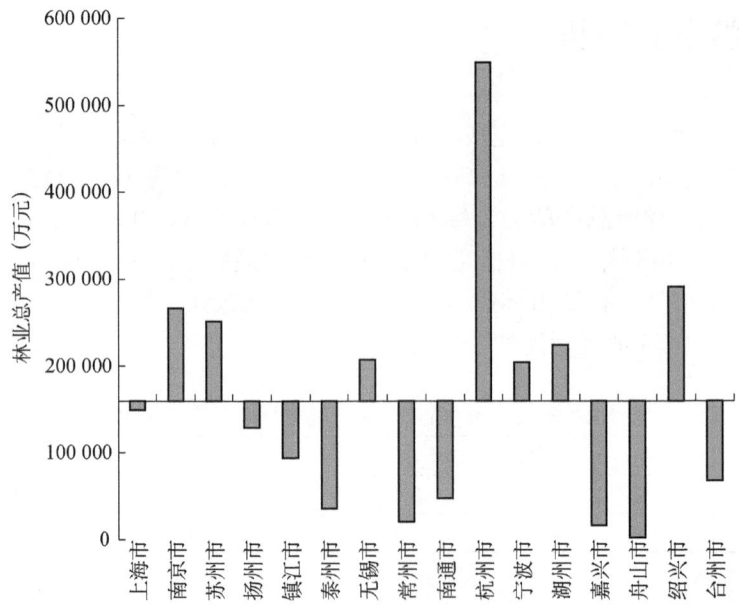

图 1-12　2017 年长三角核心区 16 个城市林业总产值与平均值比较

图 1-13 为 2005 年、2010 年、2017 年长三角核心区 16 个城市林业总产值情况。图中显示，2005~2010 年上海市、泰州市林业总产值下降，常州市和舟山市变化很小，其余各城市林业总产值都有所增长；2010~2017 年所有城市都明显增长，但舟山市增长很少。

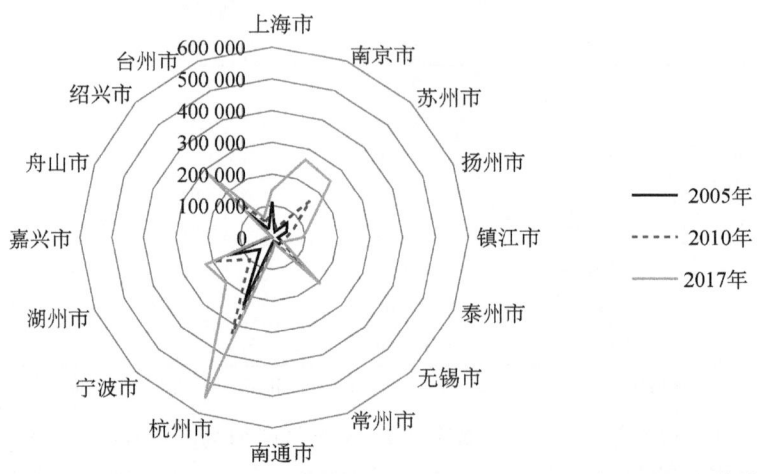

图 1-13　2005 年、2010 年、2017 年长三角核心区 16 个城市林业总产值情况
图中数字表示林业总产值，单位为万元

1.4.2 从增速看发展

图 1-14 为 2000~2017 年长三角核心区主要城市林业总产值变化情况。图中显示，杭州市林业总产值遥遥领先，自 2010 年短暂下降之后持续增长，2017 年已经接近 55 亿元；南京市在 2013 年以前林业总产值较低，但 2014 年迅猛增长，此后仍保持匀速增长，2017 年超过 26 亿元；苏州市林业总产值持续较快增长，自 2015 年超过 25 亿元，此后总体稳定；上海市 2003 年林业总产值超过 13 亿元，2004 年后林业总产值波动下降，2015 年进入上升通道，2017 年接近 15 亿元。

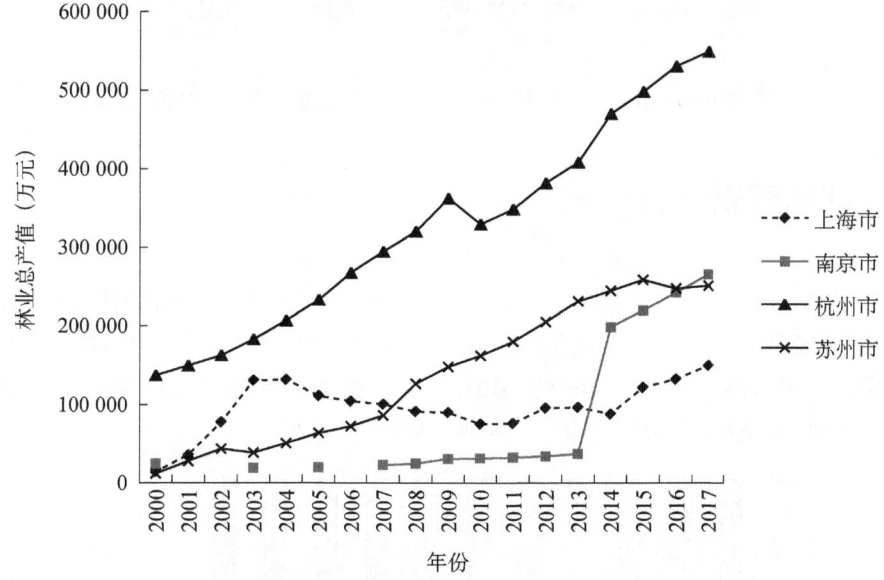

图 1-14　2000~2017 年长三角核心区主要城市林业总产值变化情况
图中主要城市选择标准在于上海市为直辖市、南京市与杭州市为省会城市，需包含在内，苏州市是重要参照城市，具有比较意义

2007~2017 年，长三角核心区林业总产值总体处于波动上升状态，由 1 125 471 万元增长到 2 554 466 万元，年均增长率为 8.54%。根据长三角核心区 16 个城市 2007~2017 年林业总产值的情况，上海市呈波动式增长态势；江苏地区增长了 2.29 倍，年均增长率为 12.63%；浙江地区增长了 0.92 倍，年均增长率为 6.74%。江苏地区的增长较显著，如图 1-15 所示。

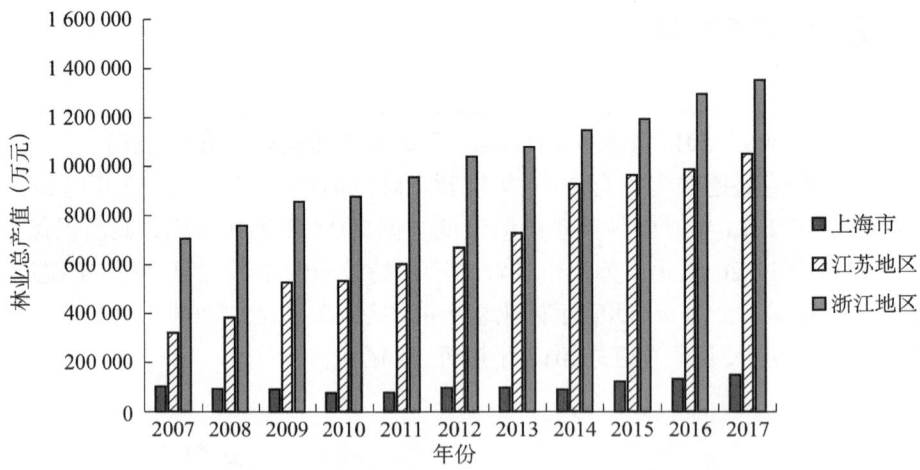

图1-15　2007~2017年上海市、江苏地区、浙江地区林业总产值变化情况

1.4.3　从结构看特征

2007年以来，上海市林业总产值占长三角核心区林业总产值的比重持续下降，2014年降至最低（4.06%）之后逐渐回升；江苏地区林业总产值占比不断上升，2014年达到最高（42.87%），此后保持在40%以上；浙江地区林业总产值占比从2007年的62.65%螺旋式下降到2017年的53.00%，如图1-16所示。

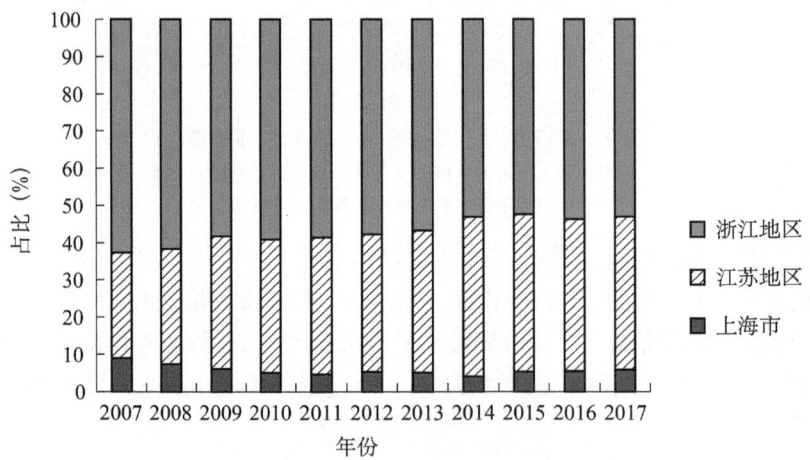

图1-16　2007~2017年上海市、江苏地区、浙江地区林业总产值占比分布

1.5 牧 业

畜牧业是利用畜禽等已经被人类驯化的动物，或者鹿、麝、貂、鹌鹑等野生动物的生理机能，通过人工饲养、繁殖，使其将牧草和饲料等植物能转变为动物能，以取得肉、蛋、奶、羊毛、山羊绒、皮张、蚕丝和药材等畜产品的生产部门。有别于自给自足家畜饲养，畜牧业的主要特点是集中化、规模化并以营利为生产目的。畜牧业是人类与自然界进行物质交换的极重要环节。畜牧业是农业的组成部分之一，与种植业并列为农业生产的两大支柱。

牧业总产值是反映畜牧业发展的综合性指标，是衡量畜牧业发展的一个重要标志。畜牧业在生产过程中，将价值较低的谷物、农副产品、牧草等转化成价值较高的肉、乳、毛、皮等产品，使产值成倍增长，还能优化食物结构，改善穿着保暖条件，提高人民生活水平。

表1-8为2000～2017年长三角核心区16个城市牧业总产值。从表中可见，上海市和无锡市牧业总产值波动下降，南通市除个别年份外持续上涨，舟山市变化微小，其他城市牧业总产值都呈现波动式增长态势。

表1-8　2000～2017年长三角核心区16个城市牧业总产值（单位：万元）

城市	2000年	2001年	2002年	2003年	2004年	2005年	2006年	2007年	2008年
上海市	873 500	884 300	834 800	811 300	707 700	543 400	462 900	580 000	684 000
南京市	253 261	272 882	282 194	301 214	333 461	338 746	334 302	351 247	400 745
苏州市	231 251	247 416	245 472	232 988	249 959	217 068	214 312	274 583	330 251
扬州市	300 212	316 200	324 400	348 831	385 200	390 900	371 400	384 400	489 970
镇江市	90 600	91 900	95 700	102 603	126 400	117 800	119 600	148 800	181 284
泰州市	301 550	308 000	318 700	349 315	418 600	434 600	422 000	448 400	540 137
无锡市	231 000	229 600	232 000	238 808	259 500	268 700	266 900	261 200	290 834
常州市	129 700	146 461	156 541	163 932	183 600	187 400	183 900	195 300	249 307
南通市	521 700	520 000	560 800	602 200	739 700	779 800	831 900	898 900	1 121 100
杭州市	331 563	362 303	391 844	417 798	457 619	495 900	490 448	585 536	636 633
宁波市	204 500	222 100	242 500	260 300	296 100	329 300	322 000	462 700	482 900
湖州市	147 870	155 741	144 983	157 965	215 792	244 826	265 576	322 009	333 720
嘉兴市	324 186	361 201	344 605	387 162	460 101	504 629	513 312	680 332	729 701
舟山市	18 444	20 299	21 997	24 817	25 154	26 950	28 516	38 529	42 245

续表

城市	2000年	2001年	2002年	2003年	2004年	2005年	2006年	2007年	2008年
绍兴市	200 979	202 391	207 170	213 485	263 059	269 300	233 468	319 875	359 993
台州市	144 697	150 231	154 162	158 381	174 358	182 672	173 613	233 165	245 845

城市	2009年	2010年	2011年	2012年	2013年	2014年	2015年	2016年	2017年
上海市	646 100	629 000	774 400	725 900	699 700	699 300	656 100	626 200	408 600
南京市	387 016	394 385	470 153	511 676	520 407	482 330	461 894	468 297	407 943
苏州市	347 466	357 452	411 440	402 031	400 479	388 226	387 641	373 939	319 855
扬州市	481 600	506 500	624 400	694 900	704 600	734 200	768 900	780 470	750 472
镇江市	185 900	185 800	228 600	252 400	270 800	281 700	299 500	315 200	310 400
泰州市	509 500	523 100	648 300	663 700	672 500	665 600	703 000	789 400	729 300
无锡市	244 000	258 400	326 000	355 600	348 600	328 100	288 100	274 600	199 000
常州市	257 200	274 100	321 900	342 400	372 400	374 300	387 500	394 300	353 400
南通市	1 132 100	1 189 900	1 330 200	1 304 800	1 382 500	1 450 700	1 501 800	1 590 600	1 634 500
杭州市	642 892	705 596	836 532	868 504	911 324	828 184	807 001	768 795	685 811
宁波市	478 700	517 400	625 400	647 000	605 400	533 300	491 700	573 622	421 879
湖州市	338 789	381 581	462 146	458 268	459 351	408 522	341 373	366 188	208 547
嘉兴市	697 432	799 112	990 832	940 756	920 054	830 235	636 689	471 043	379 891
舟山市	41 052	46 899	51 964	51 868	49 650	49 433	47 696	39 321	27 249
绍兴市	356 072	408 204	515 815	520 909	531 127	462 836	439 031	452 158	377 642
台州市	238 196	271 418	337 450	356 463	360 182	323 795	308 730	345 556	299 618

1.5.1 从数字看形势

2017年长三角核心区累计完成牧业总产值7 514 107亿元，2000～2017年年均增长率为3.33%。其中，上海市牧业总产值为408 600万元，占比为5.44%；江苏地区牧业总产值为4 704 870万元，占比为62.61%；浙江地区牧业总产值为2 400 637万元，占比为31.95%。16个城市中，南通市以1 634 500万元位列第一，舟山市以27 249万元列最后一位（表1-9）。从年均增长率来看，除上海市和无锡市外各城市牧业总产值均处于增长态势，镇江市增长最快，年均增长率为7.51%，江苏地区增速总体上快于浙江地区。

1 农业生产

表1-9　2017年长三角核心区16个城市牧业总产值及增长情况

城市	牧业总产值 总额（万元）	牧业总产值 占比（%）	2017年比2000年增长倍数（倍）	2000~2017年年均增长率（%）
上海市	408 600	5.44	-0.53	-4.37
南京市	407 943	5.43	0.61	2.84
苏州市	319 855	4.26	0.38	1.93
扬州市	750 472	9.99	1.50	5.54
镇江市	310 400	4.13	2.43	7.51
泰州市	729 300	9.71	1.42	5.33
无锡市	199 000	2.65	-0.14	-0.87
常州市	353 400	4.70	1.72	6.07
南通市	1 634 500	21.75	2.13	6.95
杭州市	685 811	9.13	1.07	4.37
宁波市	421 879	5.61	1.06	4.35
湖州市	208 547	2.78	0.41	2.04
嘉兴市	379 891	5.06	0.17	0.94
舟山市	27 249	0.36	0.48	2.32
绍兴市	377 642	5.03	0.88	3.78
台州市	299 618	3.99	1.07	4.37
总计	7 514 107	100.00	0.75	3.33

2017年，长三角核心区16个城市平均牧业总产值为469 632万元。其中，江苏地区的扬州市、泰州市、南通市和浙江地区的杭州市4个城市高于平均水平，其余12个城市低于平均水平，如图1-17所示。高于平均水平的4个城市的牧业总产值为3 800 083万元，占长三角核心区牧业总产值的50.57%。

图1-18为2000年、2010年、2017年长三角核心区16个城市牧业总产值情况。图中显示，2000~2010年除上海市以外各城市牧业总产值都有所增长；2010~2017年上海市、江苏地区的苏州市和无锡市、浙江地区除台州市以外的其他城市牧业总产值都出现下降。

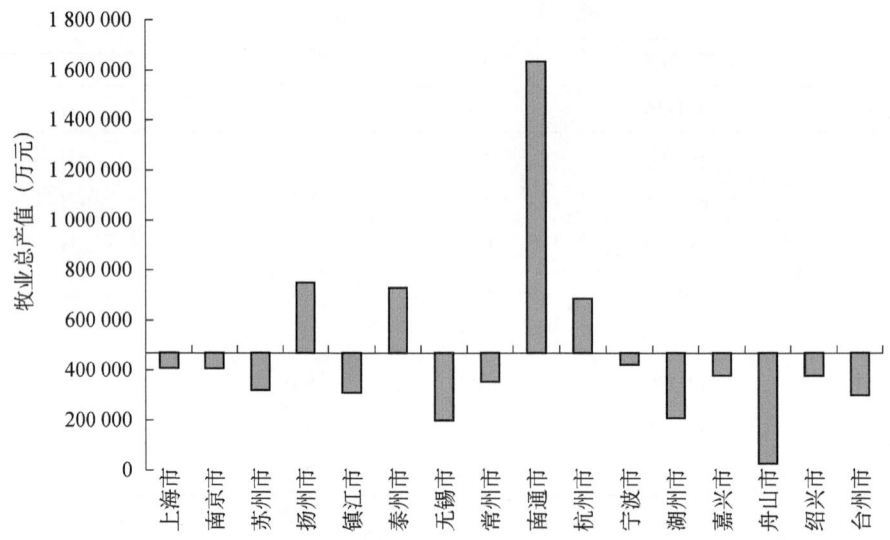

图 1-17　2017 年长三角核心区 16 个城市牧业总产值与平均值比较

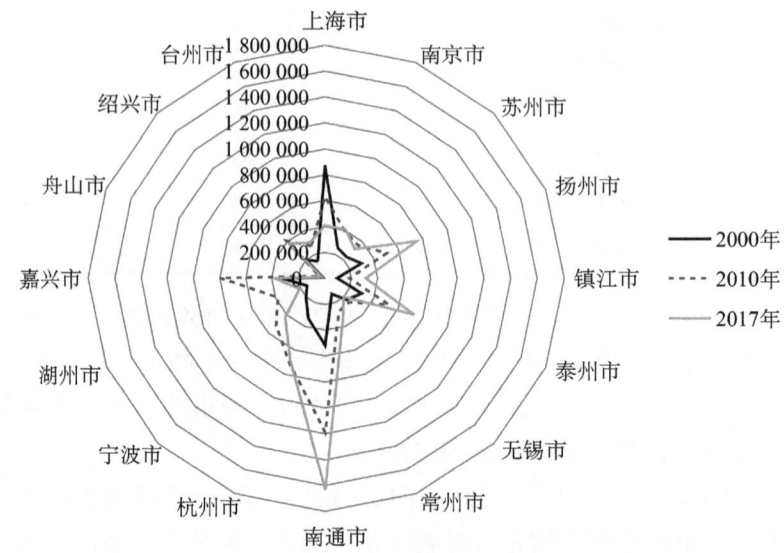

图 1-18　2000 年、2010 年、2017 年长三角核心区 16 个城市牧业总产值情况
图中数字表示牧业总产值，单位为万元

1.5.2 从增速看发展

图 1-19 为 2000～2017 年长三角核心区主要城市牧业总产值变化情况。图中显示，2000 年上海市牧业总产值最高，此后持续下降，至 2006 年达到最低值，此后呈现波动下降趋势；南京市、杭州市持续上涨，至 2013 年达到最大值，此后明显下降；2004 年之后，南通市牧业总产值显著高于其他城市，且持续较快增长。

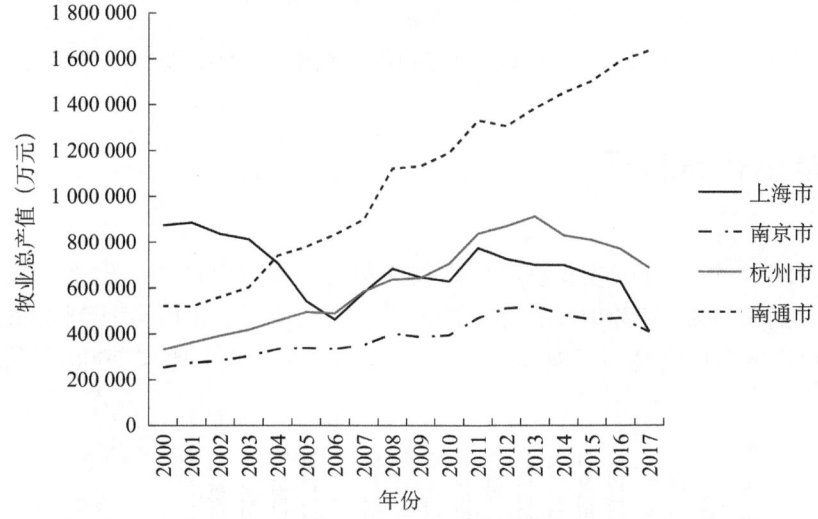

图 1-19　2000～2017 年长三角核心区主要城市牧业总产值变化情况

图中主要城市选择标准在于上海市为直辖市、南京市与杭州市为省会城市，需包含在内，南通市是 2017 年的最大值，具有比较意义

2000～2017 年，长三角核心区牧业总产值总体处于波动上升状态，由 4 305 013 万元增长到 7 514 107 万元，年均增长率为 3.33%。根据长三角核心区 16 个城市 2000～2017 年牧业总产值的情况，上海市呈波动式下降态势；江苏地区增长了 1.18 倍，年均增长率为 4.98%；浙江地区增长了 0.75 倍，年均增长率为 3.34%。江苏地区的增长较显著，如图 1-20 所示。

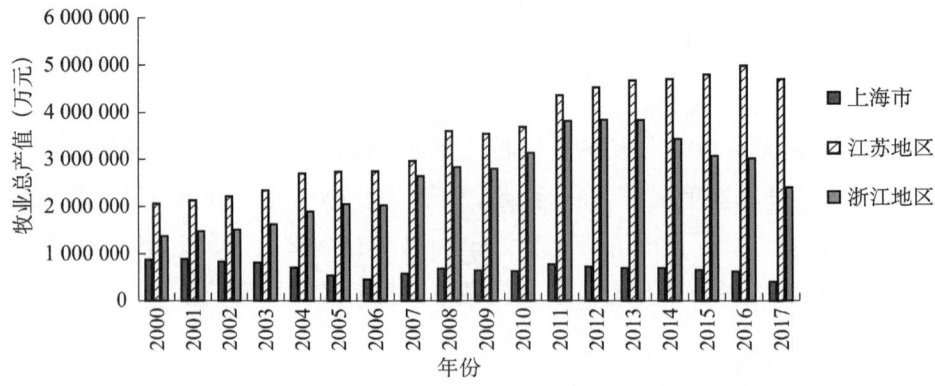

图1-20　2000~2017年上海市、江苏地区、浙江地区牧业总产值变化情况

1.5.3　从结构看特征

2000~2017年上海市牧业总产值占长三角地区牧业总产值的比重不断下降，由20.29%下降到5.44%；江苏地区牧业总产值占比波动上升，2017年达到62.61%；浙江地区牧业总产值占比则经历了波动式变化的过程，2017年占比与2000年基本持平，如图1-21所示。

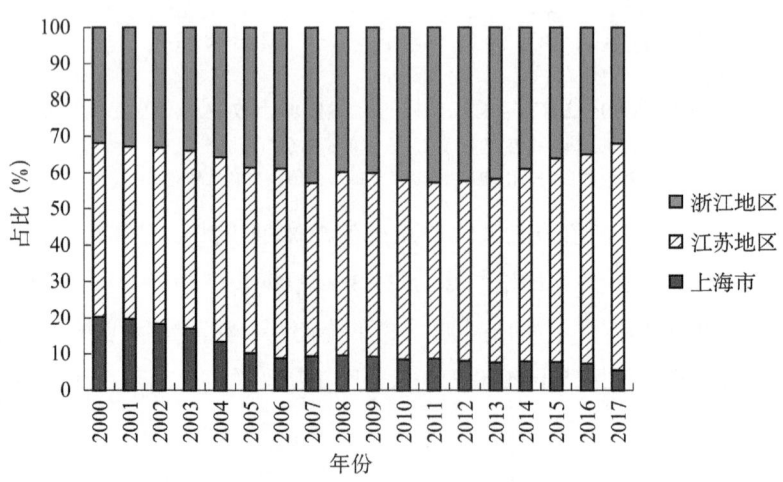

图1-21　2000~2017年上海市、江苏地区、浙江地区牧业总产值占比分布

1.6 渔 业

渔业是指捕捞和养殖鱼类与其他水生动物及海藻类等水生植物以取得水产品的社会生产部门,可为人民生活和国家建设提供食品和工业原料,是广义农业的重要组成部分。按水域可分为海洋渔业和淡水渔业;按生产特性可分为养殖业和捕捞业。

渔业经济是我国国民经济的重要组成部分,对于保障我国居民食物供给和优质蛋白质摄入具有重要作用。发展渔业生产,可以有效激发不适合农牧业生产的国土资源的增长潜力,优化农业产业结构,增加农民收入,繁荣农村经济。

表 1-10 为 2000~2017 年长三角核心区 16 个城市渔业总产值。从表中可见,浙江地区的台州市、舟山市、宁波市和江苏地区的南通市、扬州市和苏州市快速增长,且产值较高,其他城市渔业总产值低于上述城市,且增长较为缓慢。

表 1-10 2000~2017 年长三角核心区 16 个城市渔业总产值(单位:万元)

城市	2000 年	2001 年	2002 年	2003 年	2004 年	2005 年	2006 年	2007 年	2008 年
上海市	379 200	401 300	451 300	492 100	499 000	516 400	552 500	541 900	571 100
南京市	169 645	189 222	219 848	244 707	266 765	293 414	341 924	373 128	401 579
苏州市	448 357	497 026	555 049	547 683	562 791	594 059	601 890	609 590	727 964
扬州市	299 902	334 700	367 700	405 034	439 800	477 500	517 600	585 600	667 038
镇江市	82 400	87 000	93 300	91 158	97 000	109 400	118 400	126 000	136 530
泰州市	229 000	235 938	246 436	252 767	268 300	281 400	281 412	299 800	321 100
无锡市	120 200	136 100	144 400	149 291	160 000	165 900	177 300	188 800	204 906
常州市	206 600	224 939	251 725	259 047	276 700	290 100	309 700	306 500	336 051
南通市	591 200	583 000	605 000	617 600	682 700	742 700	778 000	822 600	977 100
杭州市	154 797	173 406	197 970	232 599	234 080	270 810	206 082	222 601	309 270
宁波市	517 600	547 700	604 900	631 000	691 800	753 100	689 700	726 700	832 700
湖州市	156 352	168 671	180 932	196 350	215 746	241 377	257 683	211 639	246 169
嘉兴市	96 127	122 171	140 583	173 914	185 330	199 887	156 802	176 862	196 900
舟山市	653 543	641 132	641 251	655 272	750 054	784 021	729 606	779 435	862 213
绍兴市	164 682	174 192	185 066	192 140	172 510	182 723	140 149	162 432	174 536
台州市	887 031	890 856	896 526	892 933	913 443	961 644	1 023 038	1 095 979	1 008 642
城市	2009 年	2010 年	2011 年	2012 年	2013 年	2014 年	2015 年	2016 年	2017 年
上海市	535 300	526 200	547 200	574 500	598 900	625 000	517 900	501 600	532 700
南京市	477 113	506 240	571 982	654 571	737 894	798 629	872 752	993 610	1 102 093

续表

城市	2009年	2010年	2011年	2012年	2013年	2014年	2015年	2016年	2017年
苏州市	785 044	853 943	978 319	1 066 347	1 156 898	1 226 420	1 293 042	1 360 760	1 381 075
扬州市	736 100	780 200	880 000	1 027 400	1 159 200	1 251 000	1 351 000	1 709 740	1 507 827
镇江市	147 000	160 400	215 500	242 300	261 500	289 800	327 800	349 100	359 600
泰州市	357 100	400 500	460 200	573 800	646 100	722 100	763 900	833 000	1 064 600
无锡市	261 200	279 400	322 500	350 800	365 400	369 300	359 100	353 600	358 700
常州市	395 100	423 700	445 600	524 000	591 500	647 300	682 700	729 800	782 700
南通市	1 058 800	1 131 000	1 184 700	1 310 000	1 411 100	1 478 300	1 566 100	1 639 900	1 732 300
杭州市	325 626	349 011	389 985	420 006	407 292	442 023	452 309	436 050	453 211
宁波市	908 200	1 056 200	1 276 800	1 367 300	1 482 900	1 507 100	1 625 300	2 014 085	1 925 186
湖州市	264 187	297 236	341 034	379 741	403 819	436 838	505 099	541 462	615 664
嘉兴市	211 364	242 368	267 219	288 438	296 097	278 287	270 822	275 450	285 780
舟山市	899 445	1 072 373	1 345 277	1 477 327	1 714 436	1 828 866	2 029 764	2 362 855	2 652 380
绍兴市	183 330	208 531	234 151	254 000	276 581	299 512	319 983	452 158	377 642
台州市	1 127 846	1 351 987	1 687 831	1 779 332	1 980 197	2 034 581	2 258 581	2 561 942	2 798 100

1.6.1 从数字看形势

2017年长三角核心区16个城市累计完成渔业总产值17 929 558万元,2000～2017年年均增长率为7.61%。其中,上海市渔业总产值为532 700万元,占比为2.97%;江苏地区渔业总产值为8 288 895万元,占比为46.23%;浙江地区渔业总产值为9 107 963万元,占比为50.80%。16个城市中,台州市以2 798 100万元位列第一,嘉兴市以285 780万元列最后一位(表1-11)。从年均增长率来看,各城市渔业总产值均处于增长态势,浙江地区增速略快于江苏地区。

表1-11 2017年长三角核心区16个城市渔业总产值及增长情况

城市	渔业总产值		2017年比2000年增长倍数(倍)	2000～2017年年均增长率(%)
	总额(万元)	占比(%)		
上海市	532 700	2.97	0.40	2.02
南京市	1 102 093	6.15	5.50	11.64
苏州市	1 381 075	7.70	2.08	6.84

续表

城市	渔业总产值		2017年比2000年增长倍数（倍）	2000~2017年年均增长率（%）
	总额（万元）	占比（%）		
扬州市	1 507 827	8.41	4.03	9.97
镇江市	359 600	2.01	3.36	9.05
泰州市	1 064 600	5.94	3.65	9.46
无锡市	358 700	2.00	1.98	6.64
常州市	782 700	4.37	2.79	8.15
南通市	1 732 300	9.66	1.93	6.53
杭州市	453 211	2.53	1.93	6.52
宁波市	1 925 186	10.74	2.72	8.03
湖州市	615 664	3.43	2.94	8.40
嘉兴市	285 780	1.59	1.97	6.62
舟山市	2 652 380	14.79	3.06	8.59
绍兴市	377 642	2.11	1.29	5.00
台州市	2 798 100	15.61	2.15	6.99
总计	17 929 558	100.00	2.48	7.61

2017年，长三角核心区16个城市平均渔业总产值为1 120 597万元。其中，江苏地区的苏州市、扬州市、南通市和浙江地区的宁波市、舟山市、台州市6个城市高于平均水平，其余10个城市低于平均水平，如图1-22所示。高于平均水平的6个城市的渔业总产值为11 996 868万元，占长三角核心区渔业总产值的66.91%。

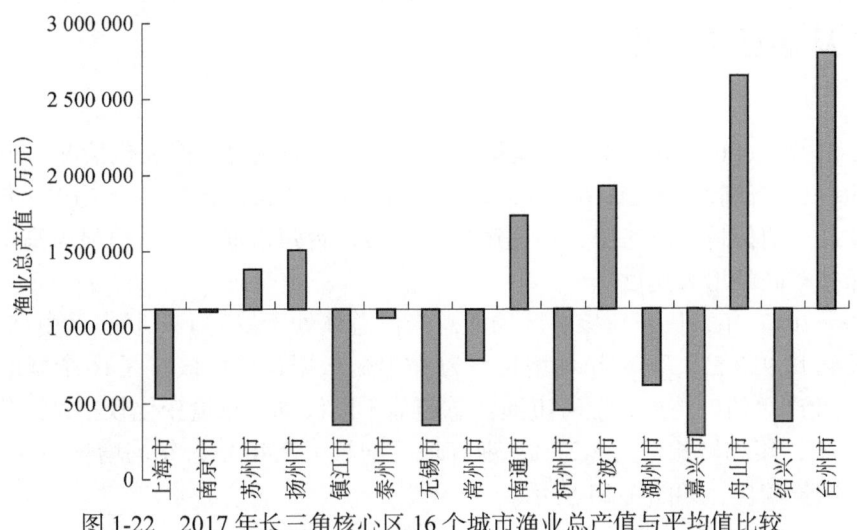

图1-22　2017年长三角核心区16个城市渔业总产值与平均值比较

图 1-23 为 2000 年、2010 年、2017 年长三角核心区 16 个城市渔业总产值情况。图中显示，2000~2010 年各城市渔业总产值都有所增长，但镇江市、绍兴市增速显著低于其他城市；2010~2017 年各城市均有增长，但上海市、无锡市的增速明显放缓。

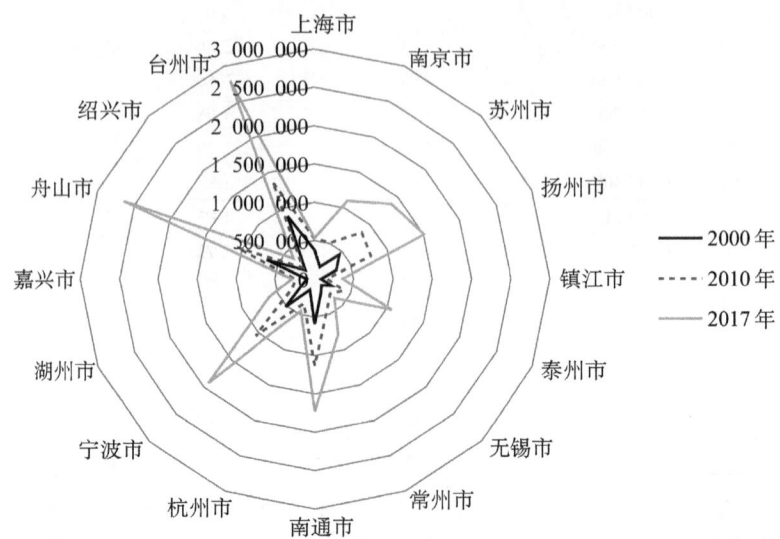

图 1-23　2000 年、2010 年、2017 年长三角核心区 16 个城市渔业总产值情况

图中数字为渔业总产值，单位为万元

1.6.2　从增速看发展

图 1-24 为 2000~2017 年长三角核心区主要城市渔业总产值变化情况。图中显示，上海市渔业总产值较为平稳；南京市渔业总产值持续上涨，于 2011 年超过上海市；杭州市渔业总产值保持上涨态势，但速度较为缓慢；台州市渔业总产值显著高于其他城市，且保持较高的增长速度。

2000~2017 年，长三角核心区渔业总产值总体处于波动上升状态，由 5 156 636 万元增长到 17 929 558 万元，年均增长率为 7.61%。根据长三角核心区 16 个城市 2000~2017 年渔业产总值的情况，上海市渔业总产值不断波动，总量变化较小；江苏地区增长了 2.86 倍，年均增长率为 8.27%；浙江地区增长了 2.46 倍，年均增长率为 7.58%。江苏地区增长较快，如图 1-25 所示。

1 农业生产

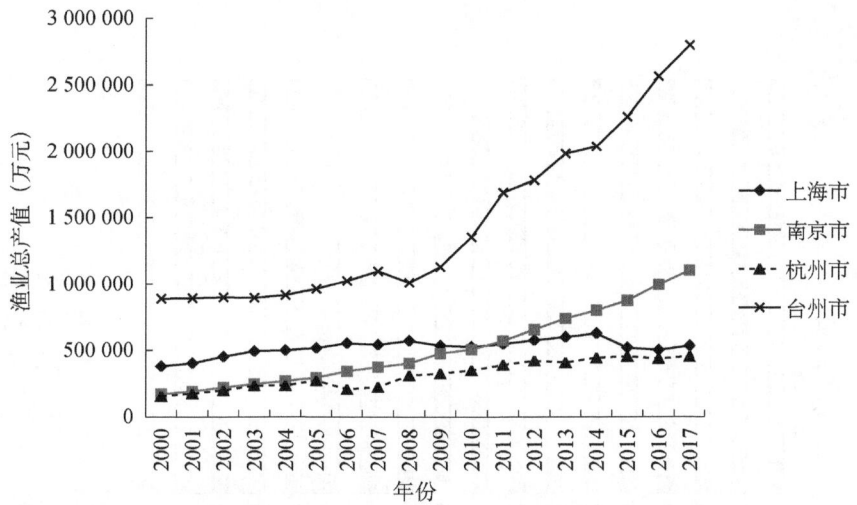

图1-24　2000~2017年长三角核心区主要城市渔业总产值变化情况
图中主要城市选择标准在于上海市为直辖市、南京市与杭州市为省会城市，
需包含在内，台州市是各年份的最大值，具有比较意义

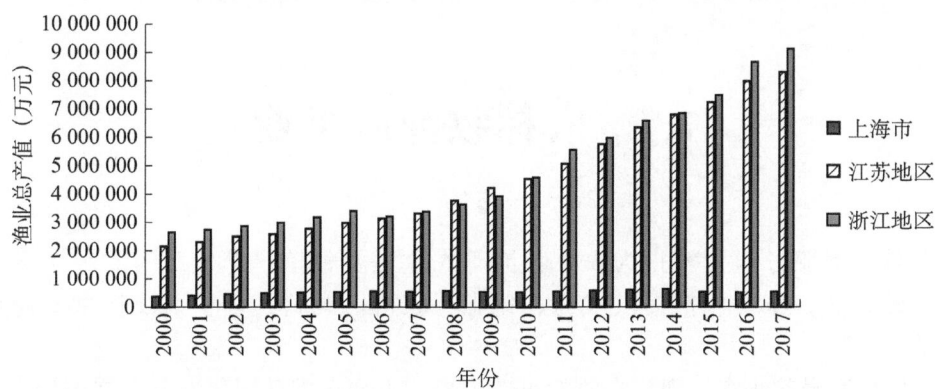

图1-25　2000~2017年上海市、江苏地区、浙江地区渔业总产值变化情况

1.6.3　从结构看特征

2000~2017年上海市渔业总产值占长三角地区渔业总产值的比重不断下降，由7.35%下降到2.97%；江苏地区牧业总产值占比波动上升，2017年达到46.23%；浙江地区牧业总产值占比则经历了波动式变化的过程，2017年占比与2000年基本持平，

如图1-26所示。

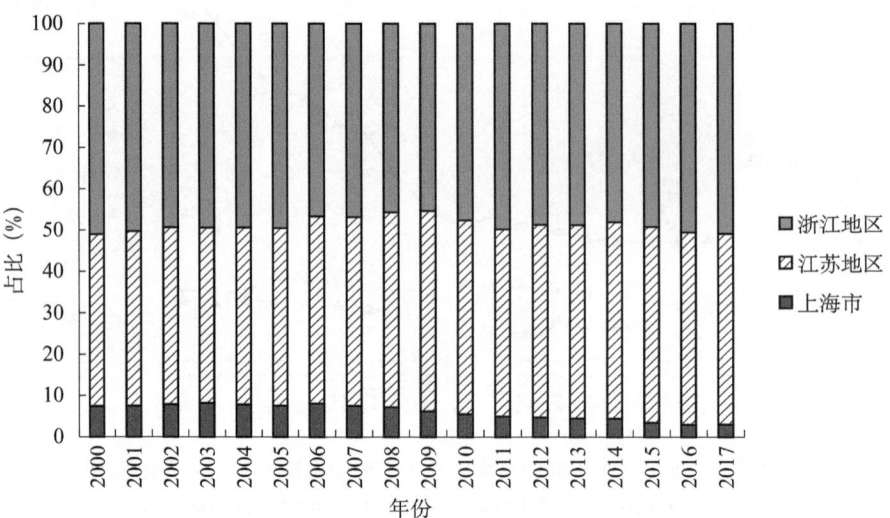

图1-26　2000～2017年上海市、江苏地区、浙江地区渔业总产值占比分布

1.7　农林牧渔服务业

农林牧渔服务业主要指为农林牧渔等农业主要种植、养殖部门的生产活动提供服务的行业，主要包括提供农药、化肥、农机、饲料、种子以及技术支持等服务活动。

农林牧渔服务业作为现代农业的重要内容，不仅在推动现代农业发展中担当着重要角色，也是建设现代农业的一个重要切入点，有着丰富的内涵，至少包括良种服务、农资服务、农技服务、培训服务、信息服务、流通服务、休闲服务、保险服务八个方面的内容。

表1-12为2003～2017年长三角核心区15个城市农林牧渔服务业总产值（舟山市无数据）。从表中可见，长三角核心区15个城市农林牧渔服务业总产值均呈现增长态势，其中2017年南通市农林牧渔服务业总产值最高，苏州市次之。

表 1-12 2003～2017 年长三角核心区 15 个城市农林牧渔服务业总产值（单位：万元）

城市	2003 年	2004 年	2005 年	2006 年	2007 年	2008 年	2009 年
上海市	57 300	57 600	50 500	50 500	70 000	82 000	84 900
南京市	85 590		47 496		57 253	61 292	113 919
苏州市	182 182	187 404	176 557	170 171	176 572	271 499	268 532
扬州市	65 404	72 930	79 650	79 921	91 179		
镇江市	12 173	25 289	30 859	35 934	40 693	44 751	167 150
泰州市	63 914	69 938	77 676	85 720	93 087	105 466	116 290
无锡市						60 420	167 638
常州市	45 169	47 532	49 658	51 874	56 509	59 428	74 797
南通市	96 300	106 600	118 300	125 100	137 000	148 914	224 900
杭州市	65 581	73 250	58 491	64 722	60 536	61 033	69 174
宁波市	21 700	23 900	27 100	36 000	40 200	38 414	46 000
湖州市			7 654	8 451	51 572	59 640	62 961
嘉兴市	38 878	44 357	45 948	59 696	63 035	69 628	72 583
绍兴市	2 272	4 446	6 418	9 239	11 087	12 478	13 190
台州市	13 466	14 566	16 500	16 897	18 022	23 774	25 520
城市	2010 年	2011 年	2012 年	2013 年	2014 年	2015 年	2016 年	2017 年
上海市	87 100	97 300	106 600	116 900	115 000	110 300	105 700	113 400
南京市	121 335	136 210	150 641	165 858	181 912	199 368	219 670	240 642
苏州市	286 872	318 772	353 567	401 812	451 026	483 775	467 225	483 300
扬州市	130 600	150 300	170 900	197 400	215 300	237 300	257 323	275 684
镇江市	185 586	226 004	249 700	273 000	286 900	305 700	310 700	316 000
泰州市	125 100	147 200	165 300	176 900	185 500	198 400	212 700	226 300
无锡市	184 518	208 100	234 300	254 007	271 200	286 300	283 200	286 500
常州市	80 100	86 600	105 700	122 500	140 900	156 000	171 800	190 300
南通市	245 600	297 800	402 900	480 600	559 700	622 700	692 900	779 100
杭州市	80 732	87 797	95 900	105 871	111 629	122 597	133 212	150 044
宁波市	48 900	52 100	57 600	59 600	64 200	71 500	102 728	190 375
湖州市	69 744	73 941	79 403	84 841	93 628	99 120	106 505	111 212
嘉兴市	80 950	89 673	94 157	103 925	115 494	130 517	147 418	155 977
绍兴市	14 826	16 781	18 420	20 122	21 408	23 895	26 297	29 898
台州市	27 642	30 222	31 737	33 612	35 796	38 573	42 188	45 672

注：南京市、扬州市、无锡市、湖州市 2010 年前部分年份数据未收集到，故空缺

1.7.1 从数字看形势

2017年长三角核心区累计完成农林牧渔服务业总产值3 594 404万元。其中，上海市农林牧渔服务业总产值为113 400万元，占比为3.15%；江苏地区农林牧渔服务业总产值为2 797 826万元，占比为77.84%；浙江地区农林牧渔服务业总产值为683 178万元，占比为19.01%。15个城市中，苏州市以483 300万元位列第一，绍兴市以45 672万元列最后一位（表1-13）。从年均增长率来看，各城市农林牧渔服务业总产值均处于增长态势，镇江市增长最快，年均增长率为26.19%，浙江地区增速略快于江苏地区。

表1-13　2017年长三角核心区15个城市农林牧渔服务业总产值及增长情况

城市	农林牧渔服务业总产值		2017年比2003年增长倍数（倍）	2003~2017年年均增长率（%）
	总额（万元）	占比（%）		
上海市	113 400	3.15	0.98	5.00
南京市	240 642	6.69	1.81	7.66
苏州市	483 300	13.45	1.65	7.22
扬州市	275 684	7.67	3.22	10.82
镇江市	316 000	8.79	24.96	26.19
泰州市	226 300	6.30	2.54	9.45
无锡市	286 500	7.97	3.74	18.88
常州市	190 300	5.29	3.21	10.82
南通市	779 100	21.68	7.09	16.11
杭州市	150 044	4.17	1.29	6.09
宁波市	190 375	5.30	7.77	16.78
湖州市	111 212	3.09	13.53	24.98
嘉兴市	155 977	4.34	3.01	10.43
绍兴市	29 898	0.83	12.16	20.21
台州市	45 672	1.27	2.39	9.12
总计	3 594 404	100.00		

注：因数据缺失，在计算增长倍数和年均增长率时，无锡市和湖州市分别以2008年和2005年为起始年

2017年，长三角核心区15个城市平均农林牧渔服务业总产值为239 627万元。其中，江苏地区的南京市、苏州市、扬州市、镇江市、无锡市、南通市6个城市高于平均水平，其余9个城市低于平均水平，如图1-27所示。高于平均水平的6个城市的农林牧渔服务业总产值为2 381 226万元，占长三角核心区农林牧渔服务业总产值的66.25%。

1 农业生产

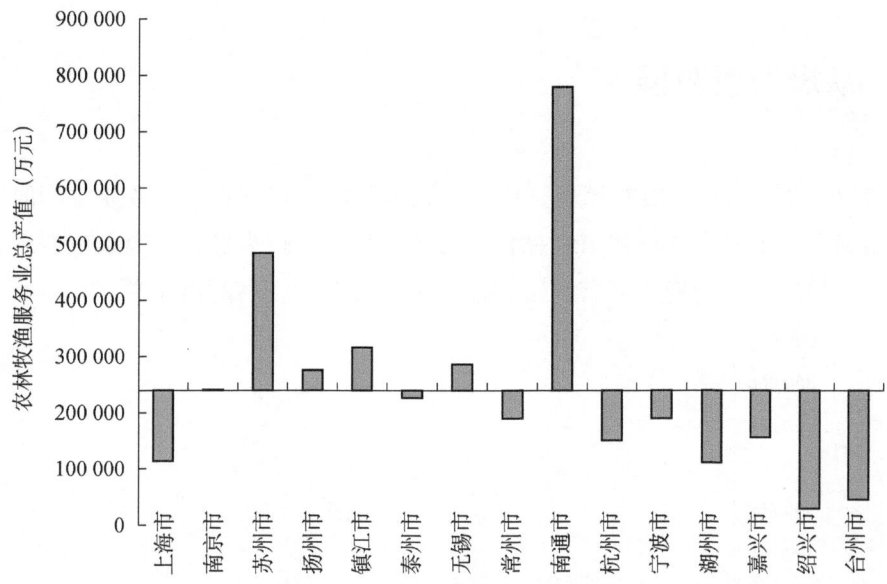

图 1-27　2017 年长三角核心区 15 个城市农林牧渔服务业总产值与平均值比较

图 1-28 为 2003 年、2010 年、2017 年长三角核心区 15 个城市农林牧渔服务业总产值情况。图中显示，2003～2010 年各城市农林牧渔服务业总产值都有所增长，2010～2017 年部分城市增长有所放缓，主要包括上海市和浙江地区的大部分城市。

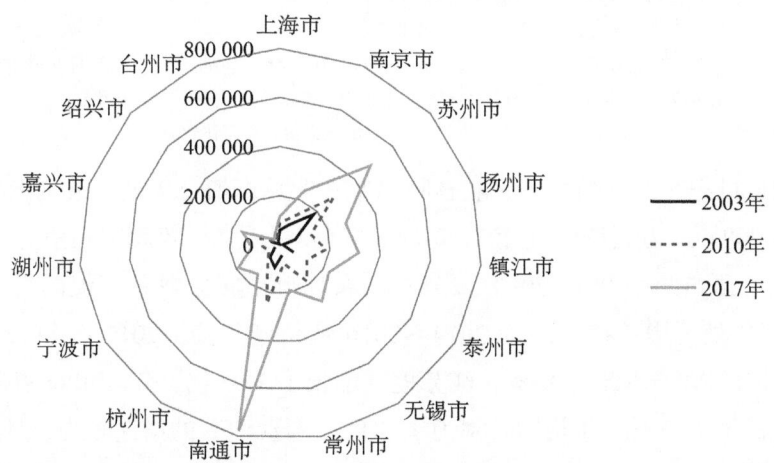

图 1-28　2003 年、2010 年、2017 年长三角核心区 15 个城市农林牧渔服务业总产值情况
无锡市和湖州市初始年份数据缺失，故不分析 2010 年前的趋势；图中数字表示农林牧渔业服务总产值，单位为万元

1.7.2 从增速看发展

图 1-29 为 2003～2017 年长三角核心区主要城市农林牧渔服务业总产值变化情况。图中显示，上海市和杭州市农林牧渔服务业总产值较为稳定；南京市表现出上涨态势，但涨幅较小；南通市显著高于其他城市，且保持较高的增长率。

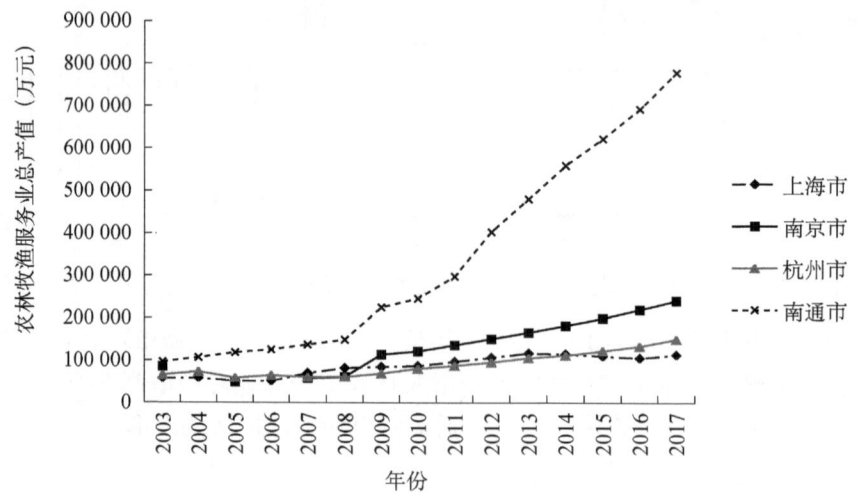

图 1-29　2003～2017 年长三角核心区主要城市农林牧渔服务业总产值变化情况
图中主要城市选择标准在于上海市为直辖市、南京市与杭州市为省会城市，需包含在内，南通市为 2017 年的最大值，具有比较意义

进入 21 世纪，长三角核心区农林牧渔服务业总产值总体处于波动上升状态，由 2010 年的 1 769 605 万元增长到 2017 年的 3 594 404 万元，年均增长率为 10.65%。根据长三角核心区 15 个城市 2010～2017 年农林牧渔服务业总产值的情况，上海市 2010～2013 年处于增长状态，但 2014～2016 年逐年下降，2017 年较 2016 年回升 7.28%，总体年均增长率为 3.84%；江苏地区增长了 1.06 倍，年均增长率为 10.86%；浙江地区增长了 1.12 倍，年均增长率为 11.31%。浙江地区的增速较高，但江苏地区增量较大，如图 1-30 所示。

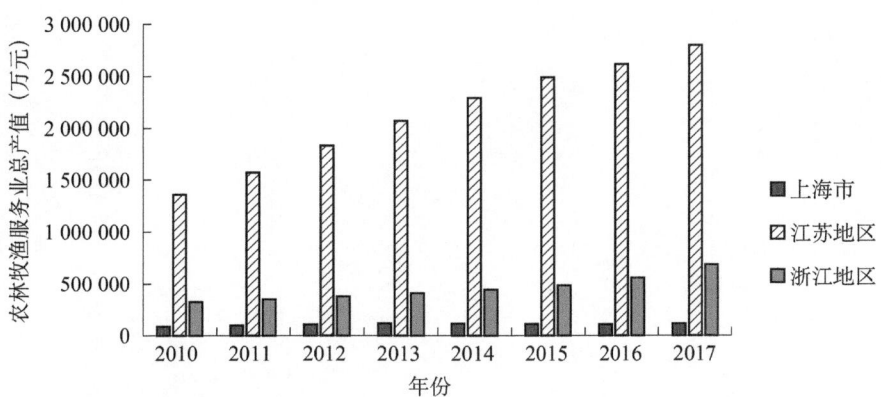

图 1-30　2010～2017 年上海市、江苏地区、浙江地区农林牧渔服务业总产值

1.7.3　从结构看特征

2010～2017 年，上海市农林牧渔服务业总产值占长三角农林牧渔服务业总产值的比重持续下降，由 4.92%下降到 3.15%；江苏地区农林牧渔服务业总产值占比远高于上海市和浙江地区，并不断上升，至 2015 年达到 80.67%，此后两年有所下降；浙江地区农林牧渔服务业总产值占比则持续下降，至 2014 年达到 15.52%，此后回升至 2017 年的 19.01%，如图 1-31 所示。

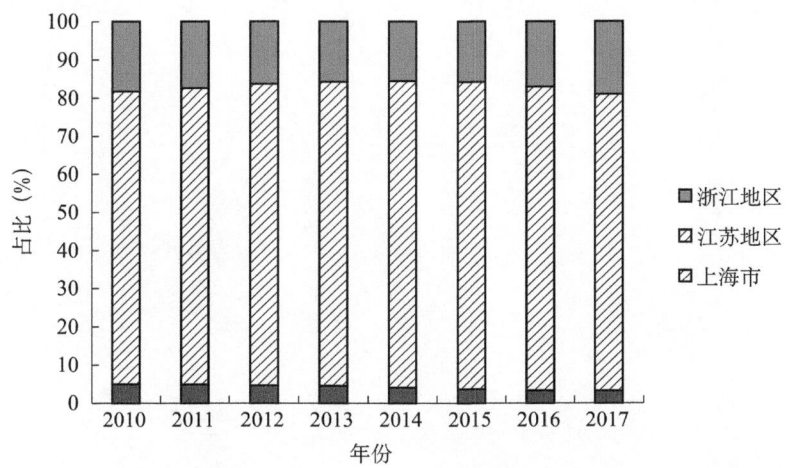

图 1-31　2010～2017 年上海市、江苏地区、浙江地区农林牧渔服务业总产值占比分布

2 农业要素投入

2.1 耕　　地

耕地是可以用来种植农作物、经常进行耕锄的田地，包括熟地、当年新开荒地、连续撂荒未满三年的耕地和当年的休闲地（轮歇地），以林农作物为主并附带林桑树、茶树、果树和其他林木的土地，沿海、沿湖地区已围垦利用的海涂、湖田等。不包括属于专业性的桑园、茶园、果园、果木苗圃、林地、芦苇地、天然或人工草地。由于2009年国土资源部提出"保经济增长、保耕地红线"行动，坚持实行最严格的耕地保护制度，大部分城市的统计年鉴中不再统计耕地面积，因此本书只统计2000～2007年长三角核心区10个城市的耕地情况，部分年份数据未收集到，故空缺，见表2-1。

表2-1　2000～2007年长三角核心区10个城市人均耕地面积（单位：万平方米）

城市	2000年	2001年	2002年	2003年	2004年	2005年	2006年	2007年
上海市	0.320	0.320	0.300		0.018	0.017		0.010
南京市	0.830	0.800	0.700		0.043	0.041	0.040	0.026
苏州市	0.780	0.770	0.740		0.047	0.041	0.039	0.025
镇江市	1.020	1.020	1.020		0.058	0.065	0.065	0.043
南通市	0.920	0.920	0.920		0.062	0.061	0.061	0.041
杭州市	0.460	0.460	0.440	0.430	0.028	0.028	0.027	0.018
宁波市	0.600	0.590	0.580	0.038	0.038	0.038	0.037	0.025
舟山市	0.270	0.280	0.280	0.018	0.019	0.017	0.017	0.011
绍兴市	0.590	0.590	0.038	0.039	0.039	0.039	0.039	0.025
台州市	0.410	0.410		0.027	0.027	0.026	0.026	0.017

从表2-1可见，在实施严格耕地保护制度之前，长三角核心区10个城市的人均耕地面积都呈下降趋势。

2.1.1　从数字看形势

2007年长三角核心区10个城市人均耕地面积在0.010万～0.043万平方米。其中，镇江市以0.043万平方米列第一位，上海市以0.010万平方米列最后一位。分地区来看，江苏地区各城市人均耕地面积较大，浙江地区人均耕地面积普遍较小，上海市则处于最低水平。从增长情况来看,2007 年各城市人均耕地面积均比 2000 年有较大幅度的下降(表 2-2)。

表 2-2 2007 年长三角核心区 10 个城市人均耕地面积及增长情况

城市	人均耕地面积(万平方米)		2007 年比 2000 年增长倍数(倍)
	2000 年	2007 年	
上海市	0.320	0.010	-0.968 75
南京市	0.830	0.026	-0.968 67
苏州市	0.780	0.025	-0.967 95
镇江市	1.020	0.043	-0.957 84
南通市	0.920	0.041	-0.955 43
杭州市	0.460	0.018	-0.960 87
宁波市	0.600	0.025	-0.958 33
舟山市	0.270	0.011	-0.959 26
绍兴市	0.590	0.025	-0.957 63
台州市	0.410	0.017	-0.958 54

2007 年,长三角核心区 10 个城市平均人均耕地面积为 0.0241 万平方米。其中,江苏地区的南京市、苏州市、镇江市、南通市和浙江地区的宁波市、绍兴市 6 个城市高于平均水平,其余 4 个城市低于平均水平,如图 2-1 所示。

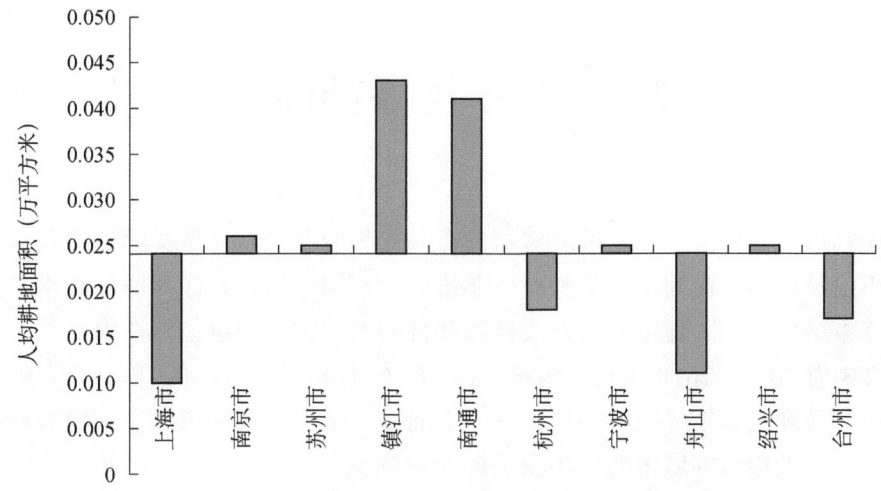

图 2-1 2007 年长三角核心区 10 个城市人均耕地面积与平均值比较

2.1.2　从增速看发展

图 2-2 为 2000~2007 年长三角核心区主要城市人均耕地面积变化情况。图中显示，上海市、南京市和杭州市人均耕地面积均呈现下降趋势。2004 年以前出现断崖式下降，此后保持稳中有降趋势。

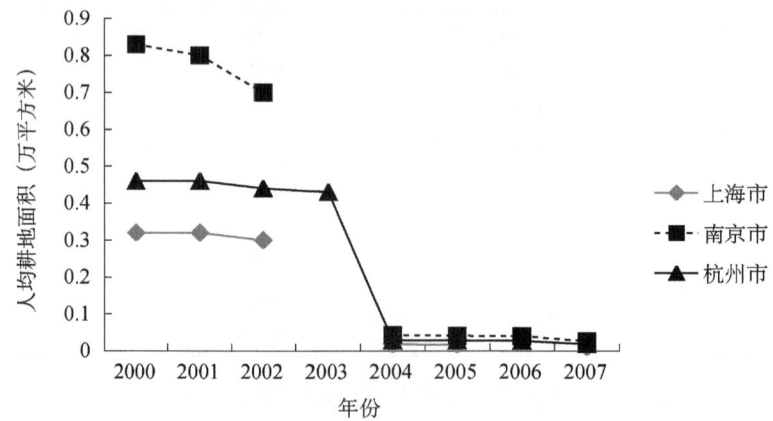

图 2-2　2000~2007 年长三角核心区主要城市人均耕地面积变化情况
图中主要城市选择标准在于上海市为直辖市、南京市与杭州市为省会城市，需包含在内

2.2　农作物播种面积

农作物播种面积指实际播种或移植的有农作物的面积。凡是实际种植有农作物的面积，不论是种植在耕地上还是种植在非耕地上，均包括在农作物播种面积中。在播种季节基本结束后，因遭灾而重新改种和补种的农作物面积也包括在内。

表 2-3 为 2000~2018 年长三角核心区 16 个城市农作物播种面积。从表中可见，所有城市都呈现出逐年降低的趋势，其中南通市、泰州市等城市的农作物播种面积较大，舟山市、无锡市等城市的农作物播种面积较小。

表 2-3　2000～2018 年长三角核心区 16 个城市农作物播种面积（单位：10^3 公顷）

城市	2000年	2001年	2002年	2003年	2004年	2005年	2006年	2007年	2008年
上海市	521.50	490.90	476.70	419.20	404.40	403.60	401.40	390.70	397.80
南京市	444.54	435.27	439.13	415.86	403.71	401.25	350.44	342.78	349.93
苏州市	487.04	423.70	400.49	336.71	317.06	310.80	297.93	264.42	272.42
扬州市		443.15	444.02	436.39	454.07	468.65	473.87	475.76	484.75
镇江市		245.52	243.37	232.16	231.89	233.44	233.63	231.58	238.97
泰州市	544.20	533.37	537.67	543.84	555.89	560.89	568.31	531.50	553.01
无锡市	264.09	238.71	229.80	187.54	183.83	193.48	180.01	186.34	176.13
常州市	288.01	271.76	269.11	244.41	239.33	240.74	236.65	210.32	233.52
南通市	902.76	901.04	891.45	881.51	876.21	872.75	872.62	852.24	851.96
杭州市	449.69	426.58	410.70	392.27	398.33	397.59	396.56	394.90	403.59
宁波市	445.90	406.64	386.85	348.64	338.09	332.53	317.17	307.01	310.62
湖州市	248.35	224.02	222.33	218.93	227.96	233.11	236.96	232.89	235.99
嘉兴市	408.46	392.20	382.23	351.98	347.24	354.19	350.38	324.53	316.61
舟山市	35.20	32.53	30.45	28.38	27.54	27.23	26.01	21.32	19.76
台州市	377.45	339.72	308.55	276.82	284.02	286.01	282.87	280.16	283.69
绍兴市	408.79	355.59	320.02	297.03	291.83	300.89	311.27	316.90	321.47

城市	2009年	2010年	2011年	2012年	2013年	2014年	2015年	2016年	2017年	2018年
上海市	417.20	417.40	421.90	403.30	392.90	371.50	351.70	305.10	285.90	285.30
南京市	341.88	335.28	331.99	328.90	324.47	320.62	316.90	289.30	269.40	270.06
苏州市	270.18	269.92	266.19	263.07	257.63	253.02	250.22	241.40	227.46	217.79
扬州市	405.07	410.33	414.73	418.99	419.80	422.36	421.19	418.85	391.83	396.09
镇江市	238.25	238.28	238.72	239.70	237.44	235.83	236.00	233.75	222.55	200.93
泰州市	562.52	571.97	577.02	580.53	582.32	581.98	581.03	575.18	566.16	530.22
无锡市	178.48	180.90	178.45	182.85	178.67	178.66	173.13	160.31	150.90	145.37
常州市	230.73	231.02	226.22	226.37	224.17	221.69	214.66	209.20	193.27	181.19
南通市	852.65	854.96	850.55	846.98	843.53	835.55	835.73	824.10	811.37	784.63
杭州市	396.31	381.83	373.42	370.12	305.29	294.97	297.69	300.59	273.23	276.14
宁波市	302.77	292.84	285.45	274.80	266.41	269.26	259.98	254.76	261.48	258.37
湖州市	231.52	224.77	224.97	224.25	223.07	158.75	156.14	166.07	166.71	173.12
嘉兴市	308.29	298.45	291.64	281.95	274.29	250.11	266.49	253.03	258.36	251.53
舟山市	20.15	18.09	17.52	17.59	16.81	15.56	15.81	16.16	16.18	15.41
绍兴市	271.54	265.43	254.59	251.37	252.86	203.6	206.81	191.51	197.10	199.18
台州市	326.94	329.79	332.51	331.13	330.71	268.81	268.67	275.44	270.29	229.39

注：扬州市和镇江市 2000 年数据未收集到，故空缺

2.2.1 从数字看形势

2018年长三角核心区16个城市农作物播种面积达到4414.72×10^3公顷。其中，上海市农作物播种面积为285.3×10^3公顷，占比为6.46%；江苏地区农作物播种面积为2726.28×10^3公顷，占比为61.75%；浙江地区农作物播种面积为1403.14×10^3公顷，占比为31.78%。16个城市中，南通市以784.63×10^3公顷位列第一，舟山市列最后一位（表2-4）。从年均增长率来看，全部城市均为负增长。

表2-4　2018年长三角核心区16个城市农作物播种面积及增长情况

城市	农作物播种面积		2018年比2001年增长倍数（倍）	2001~2018年年均增长率（%）
	总量（10^3公顷）	占比（%）		
上海市	285.30	6.46	−0.42	−3.14
南京市	270.06	6.12	−0.38	−2.77
苏州市	217.79	4.93	−0.49	−3.84
扬州市	396.09	8.97	−0.11	−0.66
镇江市	200.93	4.55	−0.18	−1.17
泰州市	530.22	12.01	−0.01	−0.03
无锡市	145.37	3.29	−0.39	−2.88
常州市	181.19	4.10	−0.33	−2.36
南通市	784.63	17.77	−0.13	−0.81
杭州市	276.14	6.25	−0.35	−2.53
宁波市	258.37	5.85	−0.36	−2.63
湖州市	173.12	3.92	−0.23	−1.50
嘉兴市	251.53	5.70	−0.36	−2.58
舟山市	15.41	0.35	−0.53	−4.30
绍兴市	199.18	4.51	−0.41	−3.09
台州市	229.39	5.20	−0.35	−2.55
总计	4414.72	100.00	−0.28	−1.94

2018年，长三角核心区16个城市平均农作物播种面积为275.92×10^3公顷。其中，上海市和江苏地区的扬州市、泰州市、南通市以及浙江地区的杭州市5个城市高于平均水平，其余11个城市低于平均水平，如图2-3所示。高于平均水平的5个城市的农作物播种面积为2272.38×10^3公顷，占长三角核心区农作物播种面积的51.47%。

2　农业要素投入

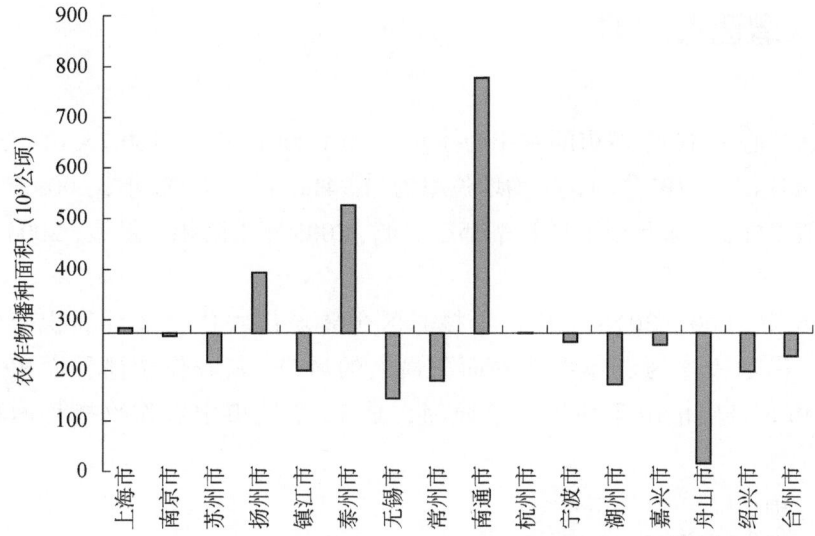

图 2-3　2018 年长三角核心区 16 个城市农作物播种面积与平均值比较

图 2-4 为 2004 年、2010 年、2017 年长三角核心区 16 个城市农作物播种面积情况。图中显示，2004~2010 年各城市农作物播种面积变化不大，2010~2017 年部分城市农作物播种面积减少较为明显，上海市等城市的农作物播种面积明显减少。

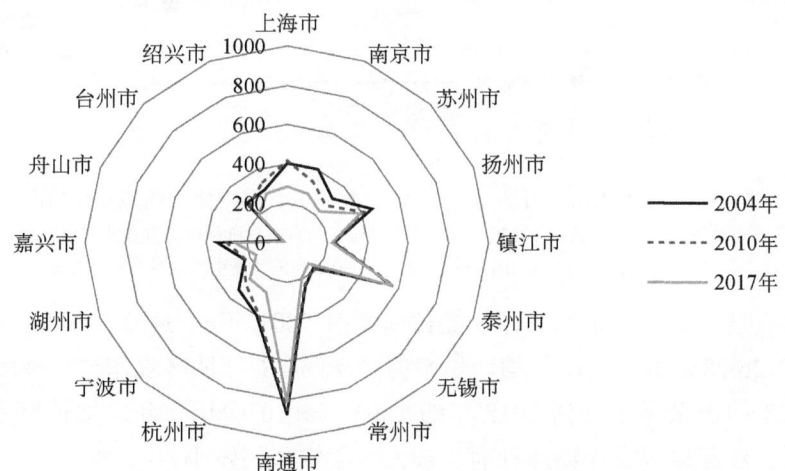

图 2-4　2004 年、2010 年、2017 年长三角核心区 16 个城市农作物播种面积情况
图中数字表示农作物播种面积，单位为 10^3 公顷

2.2.2 从增速看发展

长三角核心区 16 个城市的农作物播种面积由 2001 年的 6160.7×10^3 公顷减少至 2018 年的 4414.72×10^3 公顷,年均增长率为-1.94%,除了 2005 年、2008 年总量的增长率是正值以外,其余年份的增长率都是负值。2003 年下降幅度最大,2004 年下降幅度最小。

图 2-5 为 2000~2018 年长三角核心区主要城市农作物播种面积变化情况。图中显示,南通市作为农作物播种面积最大的城市,其农作物播种面积大幅领先于其他城市,舟山市由于地理位置原因,是 16 个城市中农作物播种面积最小的城市。

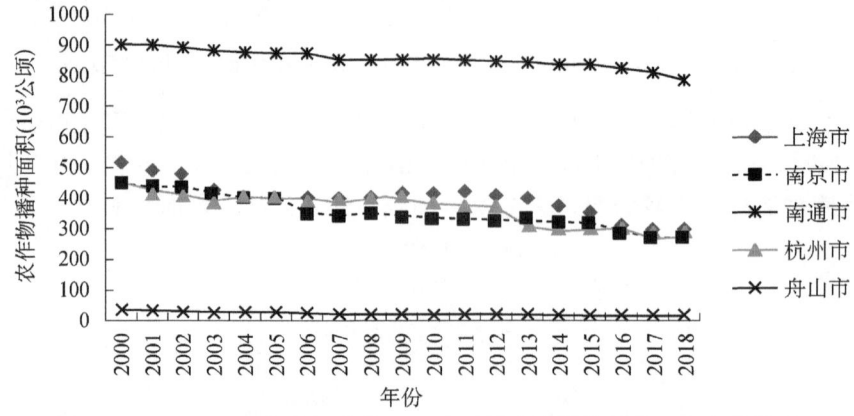

图 2-5　2000~2018 年长三角核心区主要城市农作物播种面积变化情况
图中主要城市选择标准在于上海市为直辖市、南京市与杭州市为省会城市,
需包含在内,南通市和舟山市分别是 2018 年的最大值和最小值,具有比较意义

如图 2-6 所示,江苏地区农作物播种面积由 2001 年的 3492.52×10^3 公顷下降到 2018 年的 2726.28×10^3 公顷,年均增长率为-1.45%;浙江地区农作物播种面积由 2001 年的 2177.28×10^3 公顷下降到 2018 年的 1403.14×10^3 公顷,年均增长率为-2.55%。分地区来看,江苏地区农作物播种面积较大,年均降幅较小。

图 2-7 显示了 2002~2018 年上海市、江苏地区、浙江地区农作物播种面积增长率变化情况。从图中可以看出,三个地区呈现出 W 形的趋势,在 2003 年都有较大的波动,并在 2008 年以后较为平稳。江苏地区农作物播种面积较大,且波动相

对较小，除 2003 年外一直位于-4%之上。上海市农作物播种面积较小，且增长率波动明显，2003 年增长率为-12.06%，2016 年达到-13.25%的高峰，随后增长率趋于平稳。

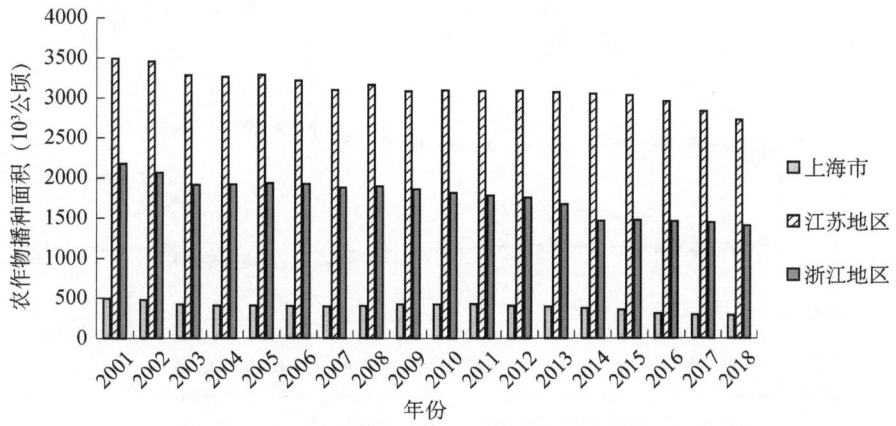

图 2-6　2001～2018 年上海市、江苏地区、浙江地区农作物播种面积

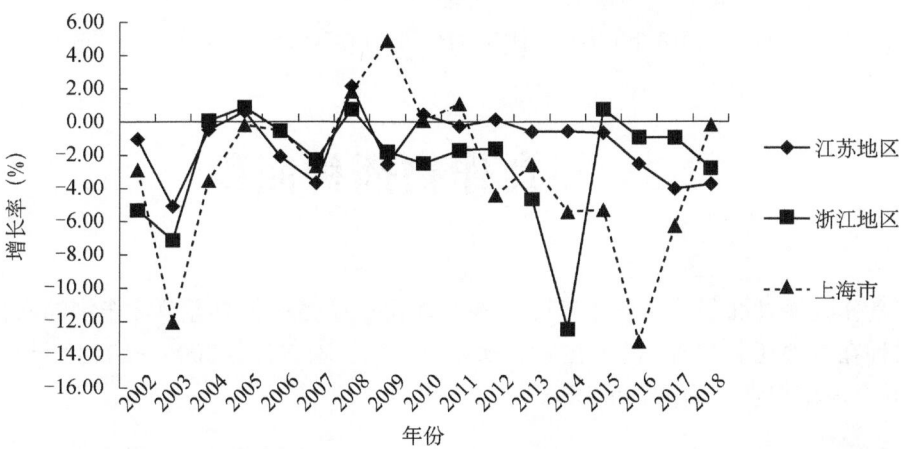

图 2-7　2002～2018 年上海市、江苏地区、浙江地区农作物播种面积增长率变化情况

2.2.3　从结构看特征

图 2-8 展示了 2001～2018 年上海市、江苏地区、浙江地区农作物播种面积占长三

角核心区农作物播种面积的比重。从图中可以看出，2001~2018年，上海市农作物播种面积占长三角核心区农作物播种面积的比重不断下降，由8%下降到6%左右。浙江地区农作物播种面积占比呈现出波动下滑的趋势，占比基本在30%~40%，并在2014年以后有上升的趋势。江苏地区农作物播种面积占比一直保持在50%以上，并在2014年超过60%，未来这一趋势还有可能继续保持。

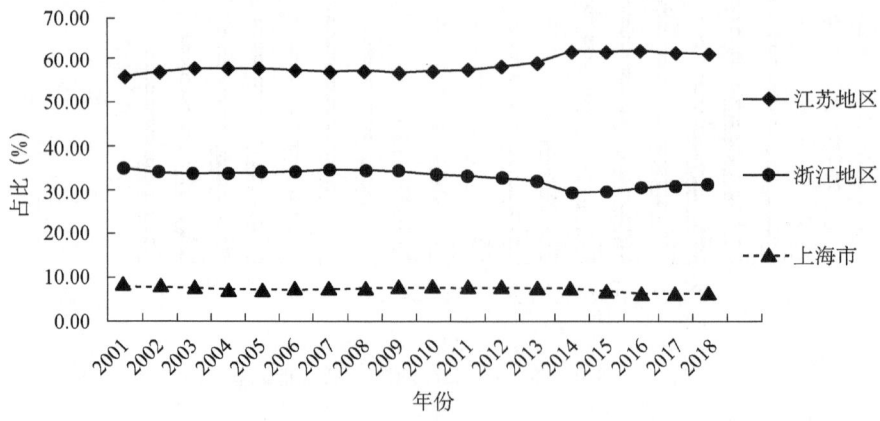

图2-8　2001~2018年上海市、江苏地区、浙江地区农作物播种面积占比分布

2.3　粮食作物播种面积

粮食作物播种面积是指全年实际播种的谷物、豆类和薯类等粮食作物的面积，无论是播种在耕地还是非耕地上，播种一次统计一次。表2-5为2000~2018年长三角核心区16个城市粮食作物播种面积。

表2-5　2000~2018年长三角核心区16个城市粮食作物播种面积（单位：10^3公顷）

城市	2000年	2001年	2002年	2003年	2004年	2005年	2006年	2007年	2008年
上海市	258.8	211.2	187.7	148.3	154.7	166.1	165.5	169.6	184.2
南京市	203.9	170.26	150.25	125.84	140.12	148.23	153.73	160.77	167.39
苏州市	290.33	234.05	219.07	173.56	167.61	169.85	163.26	153.45	161.24
扬州市		316.92	323.60	313.16	336.36	357.51	367.95	388.76	395.33

续表

城市	2000年	2001年	2002年	2003年	2004年	2005年	2006年	2007年	2008年
镇江市		166.10	163.60	151.56	152.88	155.58	159.28	171.52	175.93
泰州市	406.88	373.71	373.33	371.65	388.14	403.02	414.22	404.18	418.85
无锡市	191.9	155.97	148.32	113.25	118.53	127.82	119.02	125.35	121.34
常州市	195.1	176.6	169.87	147.48	141.97	144.81	145.89	138.46	160.39
南通市	606.07	570.79	563.32	544.47	535.00	541.35	544.58	532.94	523.53
杭州市	288.25	247.31	214.25	181.4	186.67	186.18	185.03	183.88	192.42
宁波市	237.49	200.16	172.34	136.73	145.12	145.27	141.01	134.98	153.8
湖州市	146.68	117.49	115.77	112.07	123.07	125.29	128.95	130.51	138.36
嘉兴市	238.59	205.65	194.55	174.67	178.24	182.74	186.36	188.01	193.36
舟山市	18.34	15.38	13.42	11.97	12.04	11.78	10.88	10.25	11.66
台州市	270.64	219.05	179.45	144.62	162.45	165.86	165.86	163.08	173.87
绍兴市	243.12	189.25	162.41	140.19	149.48	157.86	163.67	168.35	177.27

城市	2009年	2010年	2011年	2012年	2013年	2014年	2015年	2016年	2017年	2018年
上海市	215.5	201.2	208.3	208.1	190.5	186.7	181.3	158.5	133.1	129.9
南京市	160.9	161.11	160.95	163.4	161.35	157.11	156.2	153.1	143.1	151.4
苏州市	159.09	157.90	157.07	157.20	151.13	149.08	145.57	143.24	135.15	124.47
扬州市	405.07	410.33	414.73	418.99	419.80	422.36	421.19	418.85	391.83	396.09
镇江市	176.22	177.28	175.04	177.06	176.70	175.82	175.17	174.02	165.03	153.30
泰州市	428.95	433.18	435.79	438.92	438.52	438.66	437.45	435.05	416.48	385.99
无锡市	118.88	118.73	116.95	115.12	112	108.99	102	94.06	86.59	84.34
常州市	157.96	161.48	159.51	155.65	150.32	147.56	142.77	132.79	112.84	109.51
南通市	518.48	522.57	525.15	521.55	518.58	515.56	524.86	543.10	547.63	535.36
杭州市	188.99	174.65	167.82	165.44	163.92	107.26	84.53	84.97	86.48	88.5
宁波市	148.14	151.14	150.95	148.53	148.57	127.84	110.92	106.11	109.74	109.4
湖州市	135.01	134.57	134.01	136.14	136.09	106.43	80	73.88	75.08	78.55
嘉兴市	201.32	200.05	203.01	207.89	208.06	183.28	151.11	141.29	148.37	150.74
舟山市	12.52	11.07	10.57	10.61	10.66	5.17	4.7	5.08	5.13	4.88
绍兴市	158.65	152.37	141.13	137.44	140.06	96.1	80.07	79.78	82.49	82.03
台州市	183.84	184.82	185.97	187.75	188.76	148.37	124.13	119.29	122.6	119.71

注：扬州市和镇江市2000年数据未收集到，故空缺

2.3.1 从数字看形势

表 2-6 展示了 2018 年长三角核心区 16 个城市粮食作物播种面积及增长情况。2018 年长三角核心区 16 个城市粮食作物播种面积达到 2704.17×10^3 公顷，相较 2001 年的年均增长率为 –1.62%。其中，南通市粮食作物播种面积最大，为 535.36×10^3 公顷，舟山市粮食作物播种面积最小，为 4.88×10^3 公顷。

表 2-6 2018 年长三角核心区 16 个城市粮食作物播种面积及增长情况

城市	粮食作物播种面积		2018年比2001年增长倍数（倍）	2001~2018年年均增长率（%）
	总量（10³公顷）	占比（%）		
上海市	129.9	4.80	–0.38	–2.82
南京市	151.4	5.60	–0.11	–0.69
苏州市	124.47	4.60	–0.47	–3.65
扬州市	396.09	14.65	0.25	1.32
镇江市	153.30	5.67	0.08	–0.47
泰州市	385.99	14.27	0.03	0.19
无锡市	84.34	3.12	–0.46	–3.55
常州市	109.51	4.05	–0.38	–2.77
南通市	535.36	19.80	–0.06	–0.38
杭州市	88.5	3.27	–0.64	–5.87
宁波市	109.4	4.05	–0.45	–3.49
湖州市	78.55	2.90	–0.33	–2.34
嘉兴市	150.74	5.57	–0.27	–1.81
舟山市	4.88	0.18	–0.68	–6.53
绍兴市	82.03	3.03	–0.63	–5.61
台州市	119.71	4.43	–0.37	–2.66
总计	2704.17	100.00	–0.02	–1.62

2018 年，长三角核心区 16 个城市平均粮食作物播种面积为 169.01×10^3 公顷。其中，江苏地区的扬州市、泰州市、南通市 3 个城市高于平均水平，其余 13 个城市低于平均水平，如图 2-9 所示。高于平均水平的 3 个城市的粮食作物播种面积为 1317.44×10^3 公顷，占长三角核心区粮食作物播种面积的 48.72%。

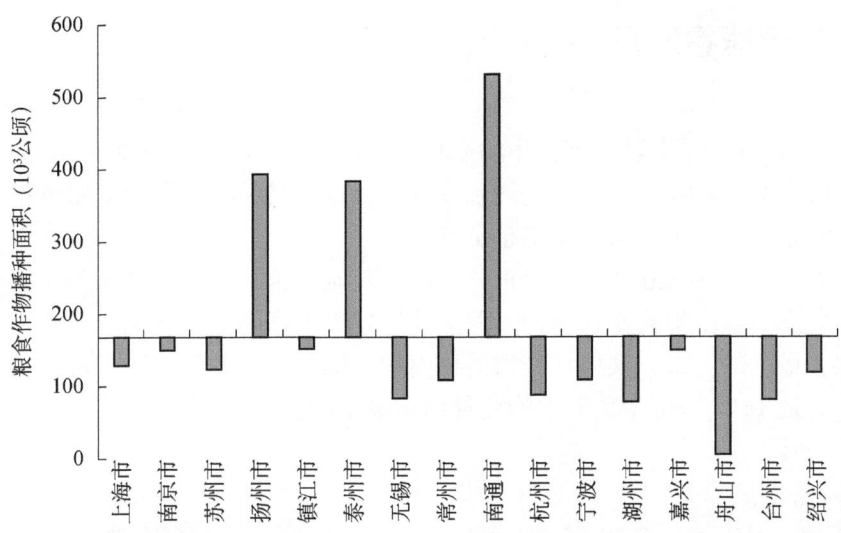

图 2-9　2018 年长三角核心区 16 个城市粮食作物播种面积与平均值比较

图 2-10 为 2004 年、2010 年、2017 年长三角核心区 16 个城市粮食作物播种面积情况。图中显示，上海市、苏州市、常州市、杭州市、宁波市、湖州市、嘉兴市、绍兴市、台州市 9 个城市的粮食作物播种面积波动较大，总体呈现出递减趋势，其他 7 个城市的粮食作物播种面积相对较为稳定。

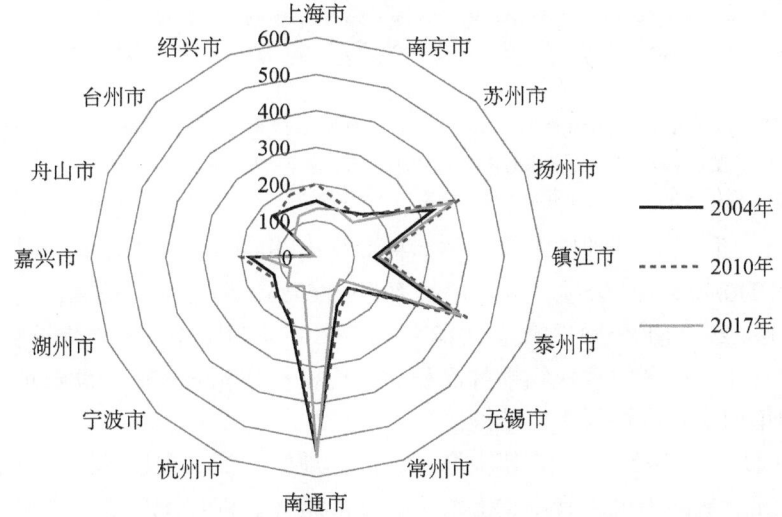

图 2-10　2004 年、2010 年、2017 年长三角核心区 16 个城市粮食作物播种面积情况

图中数字表示粮食作物播种面积，单位为 10^3 公顷

2.3.2 从增速看发展

长三角核心区 16 个城市粮食作物播种面积由 2001 年的 3569.89×10³ 公顷减少至 2018 年的 2704.17×10³ 公顷,年均增长率为-1.62%,其中扬州市和泰州市年均增长率为正值,其余城市的年均增长率都是负值。

图 2-11 为 2000~2018 年长三角核心区主要城市粮食作物播种面积变化情况。图中显示,各主要城市粮食作物播种面积整体呈现出下降趋势,其中南通市作为粮食作物播种面积最大的城市,其粮食作物播种面积大幅领先于其他城市,舟山市由于地理位置原因,是 16 个城市中粮食作物播种面积最小的城市。

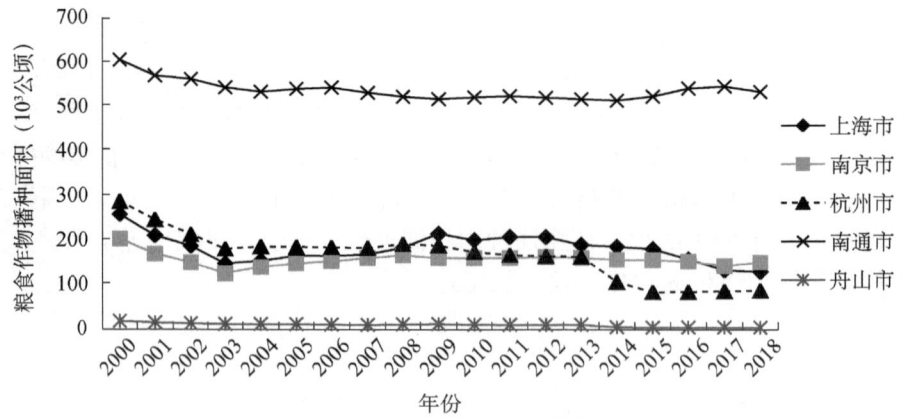

图 2-11 2000~2018 年长三角核心区主要城市粮食作物播种面积变化情况
图中主要城市选择标准在于上海市为直辖市、南京市与杭州市为省会城市,
需包含在内,南通市和舟山市分别是 2018 年的最大值和最小值,具有比较意义

如图 2-12 所示,江苏地区粮食作物播种面积由 2001 年的 2164.4×10³ 公顷下降至 2018 年的 1940.46×10³ 公顷,年均增长率为-0.64%;浙江地区粮食作物播种面积由 2001 年的 1194.29×10³ 公顷下降至 2018 年的 633.81×10³ 公顷,年均增长率为-3.66%。分地区来看,江苏地区粮食作物播种面积和年均增长率相对较高,浙江地区粮食作物播种面积和年均增长率均低于江苏地区。

图 2-13 显示了 2002~2018 年上海市、江苏地区、浙江地区粮食作物播种面积增长率变化情况。从图中可以看出,上海市、江苏地区、浙江地区都呈现出波动中趋于 0 的趋势。上海市粮食作物播种面积规模较小,增长率波动较大,江苏地区粮食作物播种面积增长率总体呈降低趋势,浙江地区粮食作物播种面积增长率在 2013~2017 年

有较大的波动，随后趋于平稳。

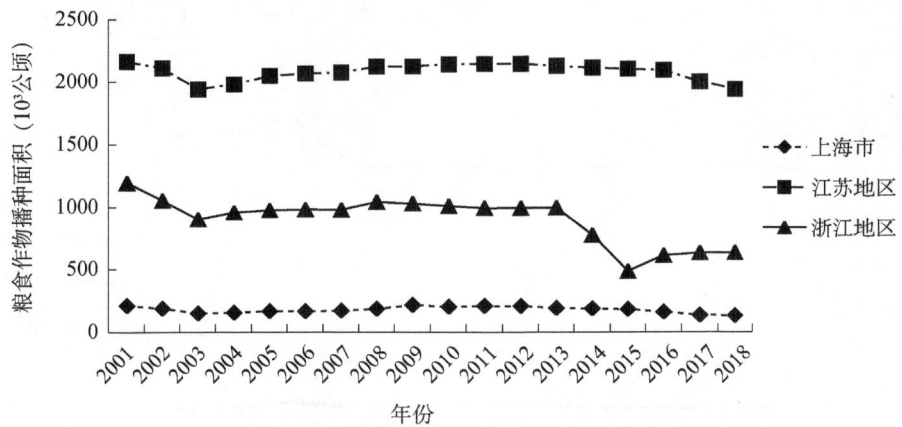

图 2-12　2001～2018 年上海市、江苏地区、浙江地区粮食作物播种面积

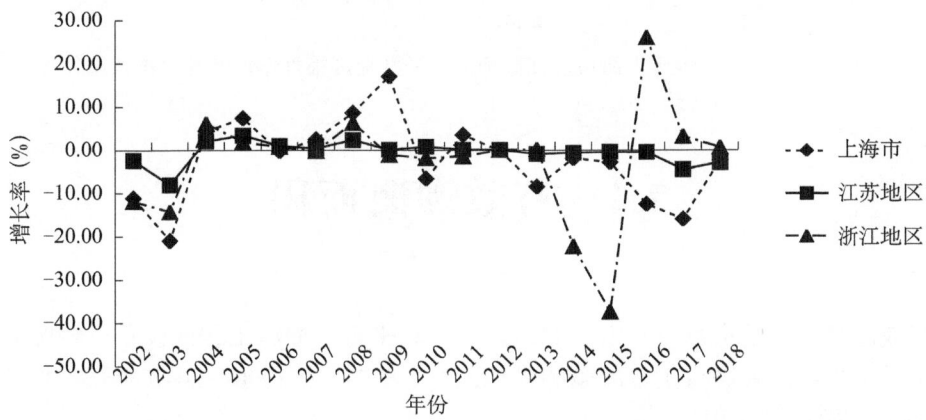

图 2-13　2002～2018 年上海市、江苏地区、浙江地区粮食作物播种面积增长率变化情况

2.3.3　从结构看特征

图 2-14 展示了 2001～2018 年上海市、江苏地区、浙江地区粮食作物播种面积占长三角核心区粮食作物播种面积的比重。从图中可以看出，自 2001 年之后，上海市粮食作物播种面积占长三角核心区粮食作物播种面积的比重较为平稳。浙江地区粮食作物播种面积占比呈现出波动下滑的趋势，在 2015 年出现大幅下降，之后回升并趋于平

稳。江苏地区粮食作物播种面积占比一直保持在60%以上，在2001～2015年其粮食作物播种面积占长三角核心区粮食作物播种面积的比重总体呈上升趋势，在2015～2018年呈现出下降趋势。

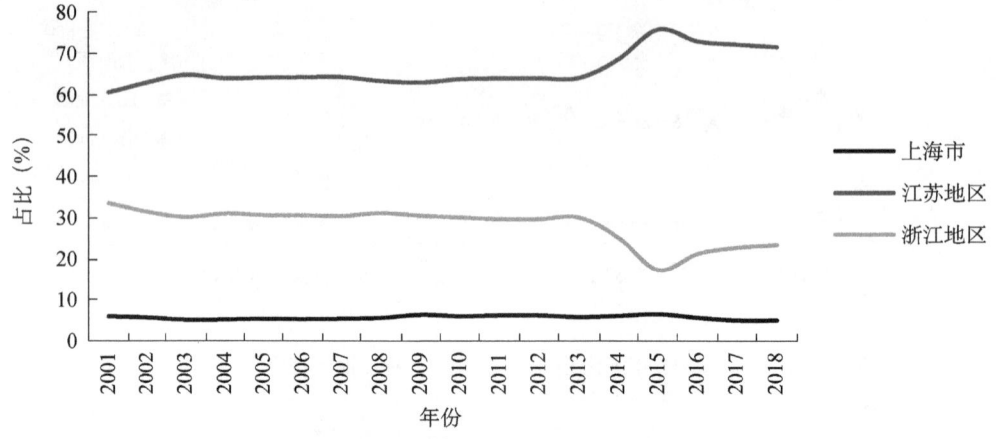

图2-14　2001～2018年上海市、江苏地区、浙江地区粮食作物播种面积占比分布

2.4　有效灌溉面积

有效灌溉面积是指具有一定水源，地块比较平整、灌溉工程或设备已经配套，在一般年景下当年能够进行正常灌溉的耕地面积。表2-7为2000～2018年长三角核心区16个城市有效灌溉面积。

表2-7　2000～2018年长三角核心区16个城市有效灌溉面积（单位：10^3公顷）

城市	2000年	2001年	2002年	2003年	2004年	2005年	2006年	2007年	2008年
上海市	286.00	281.00	270.00	257.00	246.00	237.00	208.00	206.00	234.00
南京市	198.30	197.30	194.80	190.51	189.94	190.54	192.74	191.66	191.54
苏州市	299.90	296.33	288.17	274.17	247.19	241.94	225.82	217.80	206.27
扬州市		274.81	282.67	279.02	266.61	255.15		255.61	268.49
镇江市		135.10	133.35	136.31	135.37	132.61		132.85	127.07
泰州市		290.93	294.06	290.33	285.31	280.17		278.22	291.76

2 农业要素投入

续表

城市	2000年	2001年	2002年	2003年	2004年	2005年	2006年	2007年	2008年
无锡市	170.04	169.82	160.35	156.2	153.9	145.66	142.17	133.69	131.41
常州市	178.48	177.61	154.71	154.13	150.01				
南通市	345.86	367.87	375.31	377.48	377.04	378.63	417.34	422.49	453.35
杭州市	170.81	169.9	181.19	167.81	166.45	165.43	165.27	162.98	162.38
宁波市	179.29	178.55	176.48	176.81	172.25	179.81	179.37	183.16	186.59
湖州市	70.84	119.95	124.8	125.39	128.03	128.32	131.31	133.21	132.47
嘉兴市	194.59	194.95	192.04	191.23	195.24	196.75	200.8	200.75	197.64
舟山市	13.59	13.58	13.18	12.93	12.68	12.57	12.57	12.56	12.54
绍兴市	151.22	151.01	149.42	147.97	147.65	149.6	151.29	155.26	153.74
台州市	124.03	125.03	126.03	127.95	128.72	126.45	127.14	125.88	127.67

城市	2009年	2010年	2011年	2012年	2013年	2014年	2015年	2016年	2017年	2018年
上海市	202.00	201.00	200.00	199.00	184.00	184.00	188.00	190.00	191.00	191.00
南京市	188.34	189.73	180.2	196.07	189.50	216.89	218.80	221.70	218.90	221.60
苏州市	204.40	208.02	207.57	178.99	184.79	184.50	159.06	160.57	166.57	166.57
扬州市	266.63	266.78	288.65					272.11	273.71	276.69
镇江市	133.42	132.45	132.90							
泰州市	275.32	276.42	283.81	286.04	278.68	276.51	276.84	275.27	275.66	276.68
无锡市	135.58	131.27	112.52	99.88	131.8	109.15	109.26	112.86	110.87	111.54
常州市										
南通市	402.07	424.00	408.86							
杭州市	162.63	162.99	163.74	167.09	153.35	155.51	154.94	156.56	157.06	157.01
宁波市	188.07	189.05	189.67	191.45	174.09	175.57	175.7	178.14	179.37	177.32
湖州市	134.2	134.46	135.34	136.37	135.92	136.87	136.53	137.23	133.58	134.46
嘉兴市	198.43	198.79	199.21	198.77	180.63	182.5	183.47	183.87	183.91	177.60
舟山市	12.88	12.85	13.69	13.93	14.89	15.07	15.11	15.22	15.31	15.36
台州市	127.67	127.35	128.26	128.54	123.42	125.96	125.96	124.74	125.05	125.13
绍兴市	160.00	160.56	160.47	160.30	152.99	155.77	155.96	165.35	167.09	167.28

注：泰州市2000年和2006年，扬州市2000年、2006年和2012~2015年，镇江市2000年、2006年和2012~2018年，常州市2005~2018年，南通市2012~2018年数据未收集到，故空缺

2.4.1 从数字看形势

考虑到扬州市、镇江市、常州市、南通市4个城市的数据不完全，故以下统计只

考虑其余 12 个城市。泰州市只缺失 2000 年和 2006 年数据，不影响分析，故未排除。

表 2-8 展示了 2018 年长三角核心区 12 个城市有效灌溉面积及增长情况。2018 年长三角核心区 12 个城市有效灌溉面积为 1921.55×10^3 公顷，相较 2001 年的年均增长率为 -0.76%。其中，泰州市有效灌溉面积最大，为 276.68×10^3 公顷，受地理位置的影响，舟山市有效灌溉面积最小，为 15.36×10^3 公顷。

表 2-8 2018 年长三角核心区 12 个城市有效灌溉面积及增长情况

城市	有效灌溉面积		2018 年比 2001 年增长倍数（倍）	2001~2018 年年均增长率（%）
	总量（10^3 公顷）	占比（%）		
上海市	191.00	9.94	-0.32	-2.25
南京市	221.60	11.53	0.12	0.69
苏州市	166.57	8.67	-0.44	-3.33
泰州市	276.68	14.40	-0.05	-0.29
无锡市	111.54	5.80	-0.34	-2.44
杭州市	157.01	8.17	-0.08	-0.46
宁波市	177.32	9.23	-0.01	-0.04
湖州市	134.46	7.00	0.12	0.67
嘉兴市	177.60	9.24	-0.09	-0.55
舟山市	15.36	0.80	0.13	0.73
台州市	125.13	6.51	0.00	0.00
绍兴市	167.28	8.71	0.11	0.60
总计	1921.55	100.00	-0.84	-0.76

2018 年，长三角核心区 12 个城市平均有效灌溉面积为 160.13×10^3 公顷。其中，上海市和江苏地区的南京市、苏州市、泰州市以及浙江地区的宁波市、嘉兴市、绍兴市 7 个城市高于平均水平，其余 5 个城市低于平均水平（图 2-15）。高于平均水平的 7 个城市的有效灌溉面积为 1378.05×10^3 公顷，占长三角核心区有效灌溉面积的 71.72%。

图 2-16 为 2004 年、2010 年、2017 年长三角核心区 12 个城市有效灌溉面积情况。图中显示，2004~2017 年，除上海市、南京市、苏州市、无锡市有较大波动外，其余 8 个城市的变化不明显。上海市、苏州市、无锡市呈现出递减的趋势，南京市呈现出波动增长的趋势。

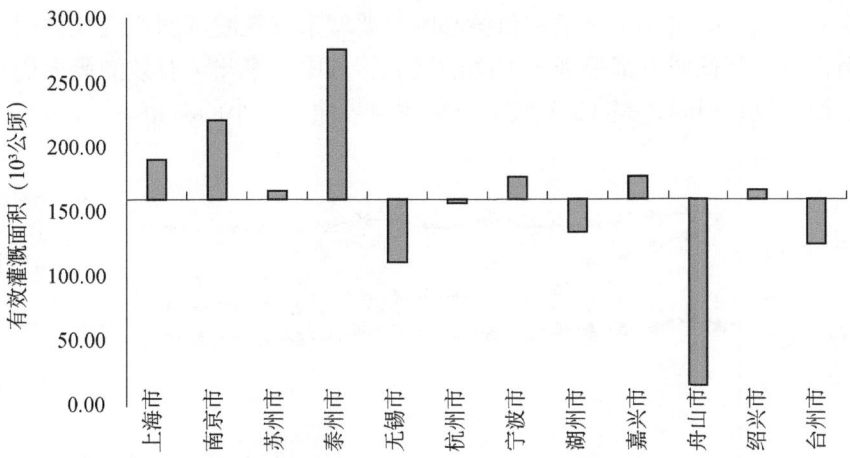

图 2-15　2018 年长三角核心区 12 个城市有效灌溉面积与平均值比较

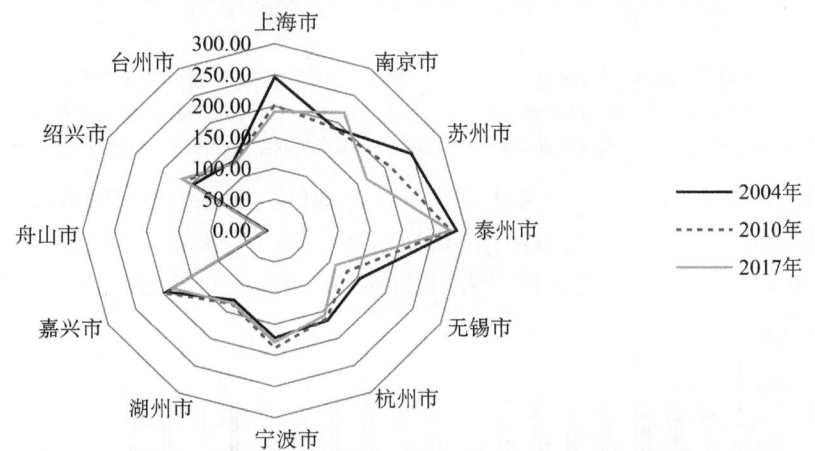

图 2-16　2004 年、2010 年、2017 年长三角核心区 12 个城市有效灌溉面积情况

图中数字表示有效灌溉面积，单位为 10^3 公顷

2.4.2　从增速看发展

长三角核心区 12 个城市有效灌溉面积由 2001 年的 2188.35×10^3 公顷减少至 2018 年的 1921.55×10^3 公顷，年均增长率为 -0.76%，多数年份增长率为负值。下降幅度最大的是 2006 年，下降幅度最小的是 2018 年。

图 2-17 为 2001～2018 年长三角核心区主要城市有效灌溉面积变化情况。图中显示，除南京市外其他城市都呈现出下降的趋势。其中，泰州市有效灌溉面积较大，舟山市由于地理位置原因，是 12 个城市中有效灌溉面积最小的城市。

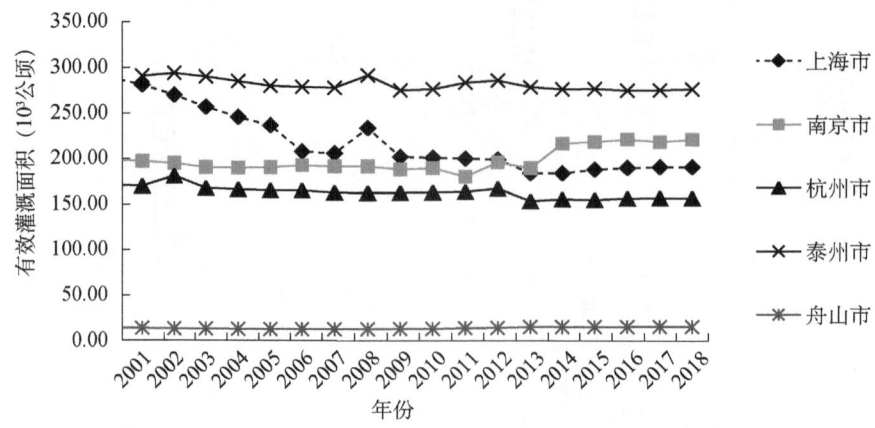

图 2-17　2001～2018 年长三角核心区主要城市有效灌溉面积变化情况
图中主要城市选择标准在于上海市为直辖市、南京市与杭州市为省会城市，需包含在内，泰州市和舟山市分别是 2018 年的次大值（扬州市为最大值，但未对其作统计分析）和最小值，具有比较意义

图 2-18 展示了 2001～2018 年上海市、江苏地区、浙江地区有效灌溉面积情况。从图中可以看出，江苏地区有效灌溉面积由 2001 年的 954.38×10^3 公顷下降到 2018 年的 776.39×10^3 公顷，年均增长率为 -1.21%；浙江地区有效灌溉面积由 2001 年的

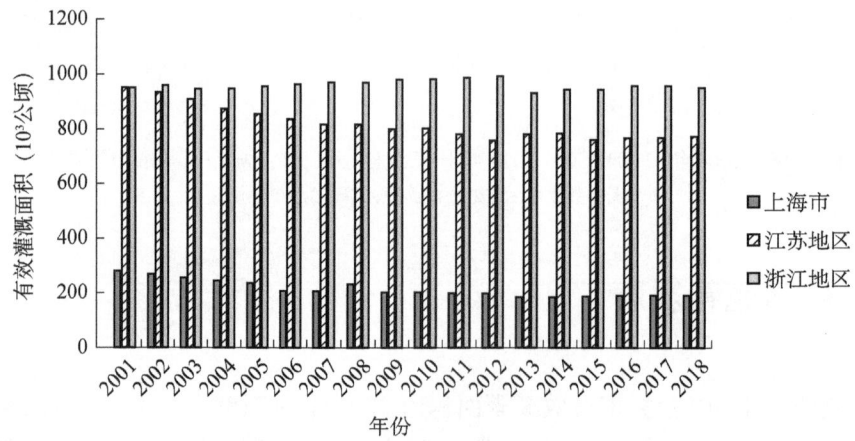

图 2-18　2001～2018 年上海市、江苏地区、浙江地区有效灌溉面积情况

952.97×10^3 公顷上升到 2018 年的 954.16×10^3 公顷，年均增长率为 0.01%。考虑到江苏地区扬州市、镇江市、常州市、南通市 4 个城市的数据缺失，因此无法比较浙江地区与江苏地区的有效灌溉面积总量及年均增长率。

图 2-19 显示了 2002~2018 年上海市、江苏地区、浙江地区有效灌溉面积增长率变化情况。从图中可以看出，江苏地区、浙江地区都呈现出波动中趋近于 0 的趋势。上海市有效灌溉面积规模较小，增长率波动较大，于 2008 年达到 13.59%的高峰，随后趋于平稳。

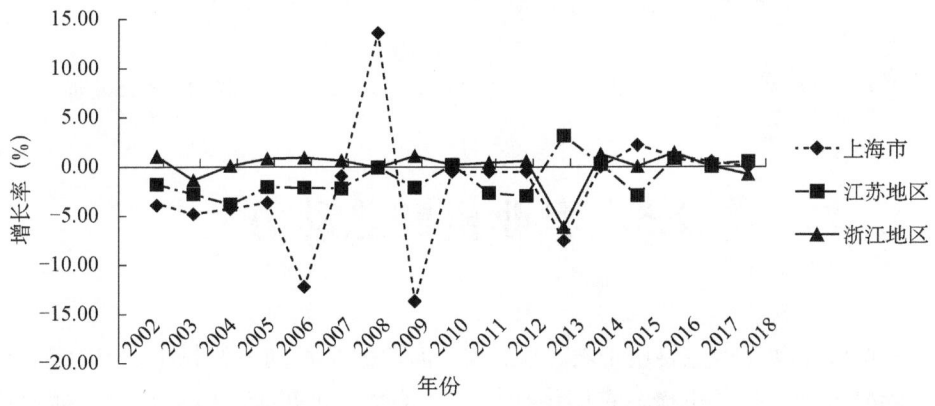

图 2-19　2002~2018 年上海市、江苏地区、浙江地区有效灌溉面积增长率变化情况

2.4.3　从结构看特征

图 2-20 展示了 2001~2018 年上海市、江苏地区、浙江地区有效灌溉面积占长三角核心区有效灌溉面积的比重。从图中可以看出，上海市有效灌溉面积占长三角核心区有效灌溉面积的比重总体不断下降，浙江地区占比呈现出波动上升的趋势。考虑到江苏地区扬州市、镇江市、常州市、南通市 4 个城市的数据缺失，因此无法比较浙江地区与江苏地区占比。

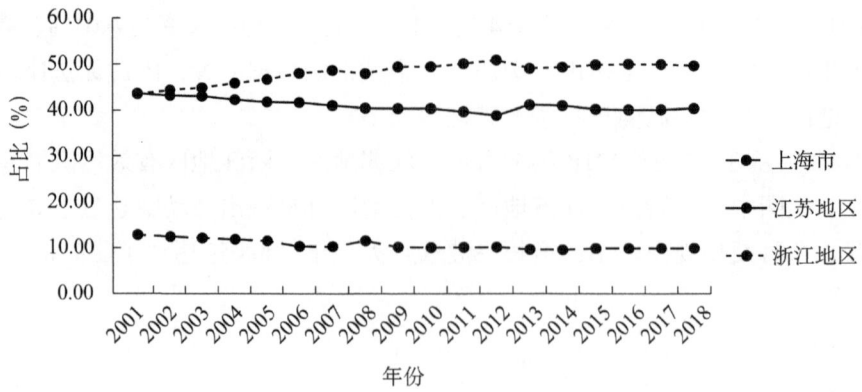

图 2-20　2001～2018 年上海市、江苏地区、浙江地区有效灌溉面积占比分布

2.5　农业机械总动力

农业机械总动力指主要用于农、林、牧、渔业的各种动力机械的总和，包括耕作机械、排灌机械、收获机械、农用运输机械、植物保护机械、牧业机械、林业机械、渔业机械和其他农业机械，按功率折成千瓦计算。不包括专门用于乡、镇、村、组办工业、基本建设、非农业运输、科学试验和教学等非农业生产方面的动力机械与作业机械。

发展农业机械化对于建设现代农业具有重要的现实意义，农业机械化的发展进程也将影响我国农业未来的发展方向。农业机械总动力是衡量农业机械化发展程度、农业现代化程度的重要指标，可以反映一个地区的农业生产力水平、农村现代化水平。

表 2-9 展示了 2000～2017 年长三角核心区 15 个城市农业机械总动力。

表 2-9　2000～2017 年长三角核心区 15 个城市农业机械总动力（单位：千瓦）

城市	2000 年	2001 年	2002 年	2003 年	2004 年	2005 年	2006 年	2007 年	2008 年
上海市	1 425 000	536 000				964 600	972 300	976 800	445 100
南京市	1 666 000	1 754 700	1 636 100	1 726 900	1 744 500	1 985 000	1 985 000	1 986 700	2 027 700
苏州市	2 794 900	2 610 800	2 398 100		2 043 000	1 966 500	1 863 000	1 746 000	1 637 000
扬州市	1 747 700	1 795 400	1 740 300		1 780 900	1 814 100	1 831 000	1 861 400	2 029 900
镇江市	1 180 400	1 189 800	1 203 200	1 225 500	1 250 200	1 296 100	1 313 700	1 317 100	1 351 200

续表

城市	2000年	2001年	2002年	2003年	2004年	2005年	2006年	2007年	2008年
泰州市	1 967 854	1 968 200	1 987 580	2 019 983	2 042 286	2 070 171	2 134 206	2 171 377	2 184 200
常州市	1 676 700	1 710 000	1 663 100	1 665 500	1 640 500	1 620 300	1 604 200	1 583 200	1 454 300
无锡市	1 782 300	1 698 000	1 609 600	1 450 300	1 412 700	1 358 000	1 340 900	1 131 700	1 108 000
南通市	2 412 100	2 532 100	2 597 600	2 782 000	2 882 700	2 932 000	2 959 900	3 056 300	3 171 000
杭州市	2 664 152	2 683 100	2 806 500	2 808 100	2 875 300	2 972 800	3 008 400	3 097 700	3 081 000
宁波市	2 579 939	2 548 362	2 631 002	2 750 091	2 724 231	2 843 753	2 195 000	3 066 300	3 062 100
湖州市	1 684 127		1 700 565	1 530 097	1 518 848	1 535 388	1 502 100	1 590 900	1 602 500
舟山市	1 687 754	1 729 286	1 634 697	1 665 102	1 610 952	1 635 644	1 697 200	1 715 000	445 100
绍兴市	1 923 100	1 953 400	1 994 600	1 945 339	1 955 647	2 022 195	1 997 600	2 093 800	2 027 700
台州市	2 557 648	2 698 458	2 734 070	2 799 713	2 643 820	2 886 333	3 500 146	3 473 685	1 637 000
城市	2009年	2010年	2011年	2012年	2013年	2014年	2015年	2016年	2017年
上海市	992 300	1 041 500	1 055 800	1 127 200	1 158 400	1 177 600	1 190 100	1 223 100	1 218 400
南京市	2 062 100	2 106 200	2 106 200	2 155 500	2 180 800	2 210 000	2 245 500	2 276 100	2 295 400
苏州市	1 631 000	1 621 900	1 610 500	1 689 800	1 649 900	1 632 800	1 635 600	1 638 900	1 632 400
扬州市		2 155 600	2 303 200	2 358 200	2 468 100	2 523 300	2 633 700	2 701 869	2 744 806
镇江市	1 394 100	1 427 700	1 339 100	1 378 700	1 512 700	1 524 400	1 413 900	1 457 200	1 477 900
泰州市	2 209 600	2 182 100	2 281 415	2 474 965	2 542 500	2 602 300	2 682 900	2 755 200	2 793 900
常州市	1 448 700	1 502 200	1 552 480	1 585 366	1 591 600	1 547 500	1 428 600	1 462 500	1 453 100
无锡市	1 102 300	1 049 000	1 072 100	1 009 600	1 004 400	1 004 400	1 011 600	992 200	969 100
南通市	3 254 600	3 349 100	3 506 700	3 655 300	3 870 200	3 870 200	4 015 100	3 982 800	4 106 400
杭州市	3 235 300	3 220 000	3 372 200	3 434 000		3 421 900	4 697 057	4 147 895	4 200 095
宁波市	3 228 500	3 261 100	3 354 700	3 133 900	3 237 000	2 985 700	3 364 005	3 349 973	3 088 820
湖州市	1 618 600	1 630 700	1 650 100	1 680 300		1 684 700	1 681 583	1 682 588	1 514 486
舟山市	1 728 200	1 719 100	1 764 200	2 156 400	1 564 400	1 593 700	1 626 142	1 556 050	1 369 945
绍兴市	2 339 300	2 461 200	2 419 700	2 432 900	2 347 400	2 309 200	2 328 500	2 334 424	2 128 840
台州市	3 434 370	3 411 345	3 472 675	3 404 227	3 452 195	3 386 934	3 386 934	3 254 258	3 002 230

注：上海市 2002~2004 年，苏州市 2003 年，扬州市 2003 年和 2009 年，杭州市 2013 年，湖州市 2001 年和 2013 年数据未收集到，故空缺

2.5.1 从数字看形势

2017 年，长三角核心区 15 个城市总计农业机械总动力为 33 995 822 千瓦，见

表 2-10。15 个城市中，杭州市以 4 200 095 千瓦位列第一，无锡市以 969 100 千瓦列最后一位。2000~2017 年，南通市增长最为明显。浙江地区 6 个城市的农业机械总动力相对较高，除舟山市、湖州市外均处于增长状态。

表 2-10　2017 年长三角核心区 15 个城市农业机械总动力及增长情况

城市	农业机械总动力		2017 年比 2000 年增长倍数（倍）	2000~2017 年年均增长率（%）
	总量（千瓦）	占比（%）		
上海市	1 218 400	3.58	-0.14	-0.92
南京市	2 295 400	6.75	0.38	1.90
苏州市	1 632 400	4.80	-0.42	-3.11
扬州市	2 744 806	8.07	0.57	2.69
镇江市	1 477 900	4.35	0.25	1.33
泰州市	2 793 900	8.22	0.42	2.08
常州市	1 453 100	4.27	-0.13	-0.84
无锡市	969 100	2.85	-0.46	-3.52
南通市	4 106 400	12.08	0.70	3.18
杭州市	4 200 095	12.35	0.58	2.71
宁波市	3 088 820	9.09	0.20	1.06
湖州市	1 514 486	4.45	-0.10	-0.62
舟山市	1 369 945	4.03	-0.19	-1.22
绍兴市	2 128 840	6.26	0.11	0.60
台州市	3 002 230	8.83	0.17	0.95
总计	33 995 822	100.00	0.14	0.79

2017 年，长三角核心区 15 个城市平均农业机械总动力为 2 266 388 千瓦。其中，江苏地区的南京市、扬州市、泰州市、南通市和浙江地区的杭州市、宁波市、台州市 7 个城市高于平均水平，其余 8 个城市低于平均水平，如图 2-21 所示。

图 2-22 显示了 2000 年、2010 年、2017 年长三角核心区 15 个城市农业机械总动力情况。图中显示，2000~2010 年上海市、苏州市、常州市、无锡市、湖州市农业机械总动力出现下降趋势，其他城市处于增长态势；2010~2017 年常州市、无锡市、宁波市、湖州市、舟山市、绍兴市、台州市农业机械总动力出现下降趋势，其他城市处于增长态势。总体来看，大部分城市农业机械总动力处于增长态势。

2 农业要素投入

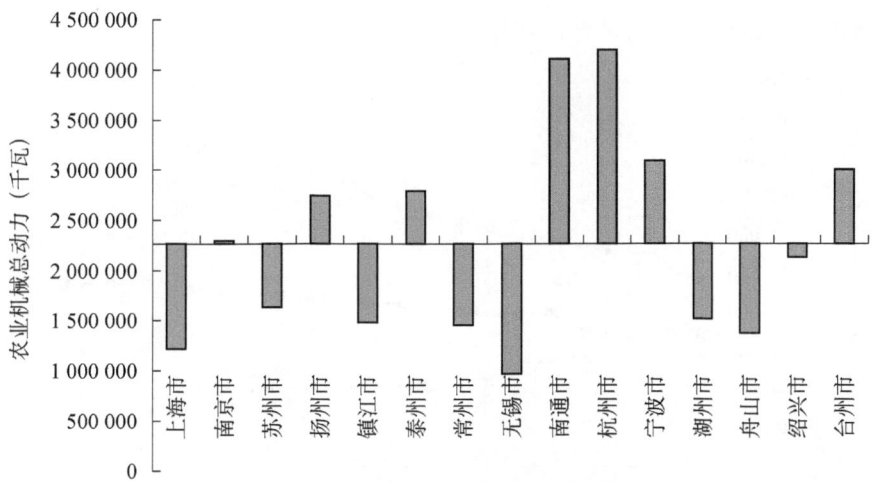

图 2-21　2017 年长三角核心区 15 个城市农业机械总动力与平均值比较

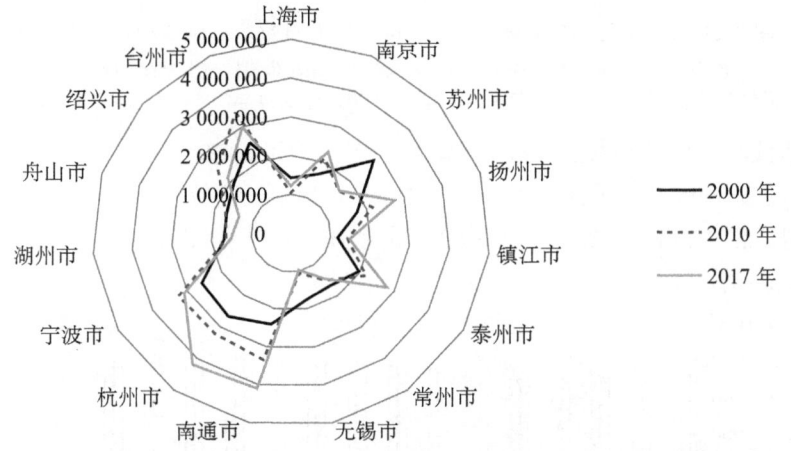

图 2-22　2000 年、2010 年、2017 年长三角核心区 15 个城市农业机械总动力情况
图中数字表示农业机械总动力，单位为千瓦

2.5.2　从增速看发展

图 2-23 为 2000~2017 年长三角核心区主要城市农业机械总动力变化情况。图中显示，上海市农业机械总动力总体保持平稳，2008 年出现低谷；南通市、杭州市总体上涨，且保持在高位；南京市稳中有升，处于中间水平；无锡市则稳步下降最终成为

所有城市中农业机械总动力最低的城市。

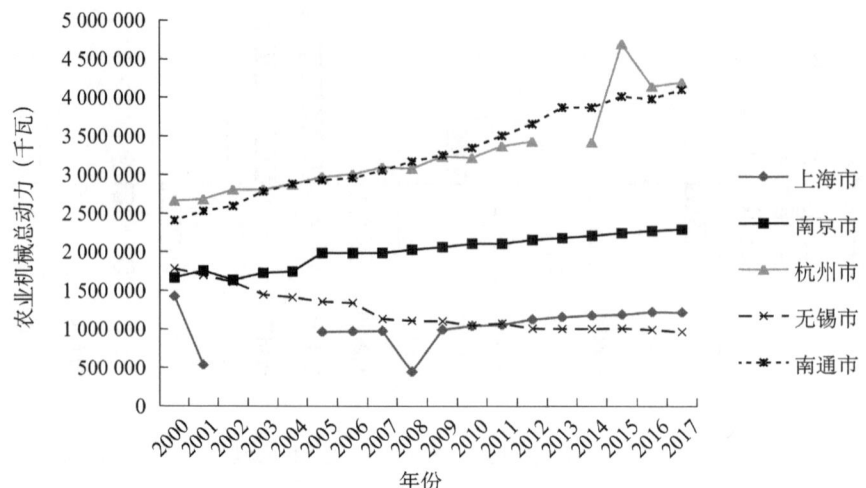

图 2-23　2000～2017 年长三角核心区主要城市农业机械总动力变化情况
图中主要城市选择标准在于上海市为直辖市、南京市与杭州市为省会城市，需包含在内，南通市 2017 年仅次于杭州市，无锡市是 2017 年的最小值，具有比较意义

长三角核心区农业机械总动力总体保持稳定，由 2000 年的 29 749 674 千瓦增长到 2017 年的 33 995 822 千瓦，增长了 0.14 倍。其中，上海市农业机械总动力呈波动式下降趋势，江苏地区和浙江地区呈波动式上升趋势，如图 2-24 所示。

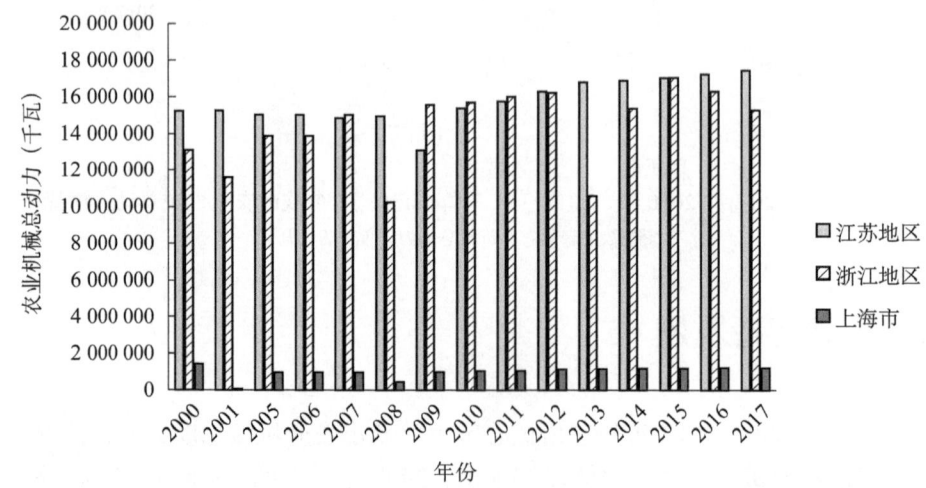

图 2-24　2000～2017 年上海市、江苏地区、浙江地区农业机械总动力

2006~2017年，上海市、江苏地区、浙江地区农业机械总动力增长率整体趋势大致相同，其中上海市增长率波动较大，2009年超过120%。2011年以后，江苏地区和上海市增长率基本趋于0并保持稳定，而浙江地区仍有一定的波动（图2-25）。

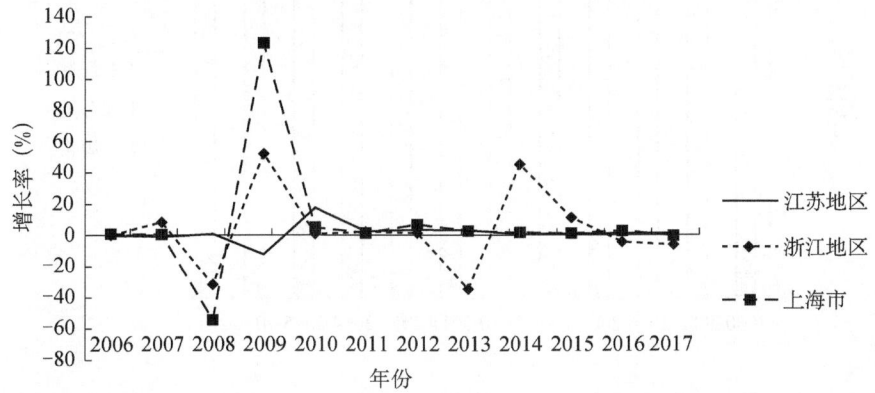

图2-25　2006~2017年上海市、江苏地区、浙江地区农业机械总动力增长率变化情况

2.5.3　从结构看特征

上海市农业机械总动力占长三角核心区农业机械总动力的比重总体呈现先下降后缓慢上升的趋势，由2000年的4.79%下降到2017年的3.58%；江苏地区占比总体呈现先下降后上升的趋势，由2000年的51.19%下降到2010年的47.90%，2017年回升到51.40%；浙江地区占比总体呈现先上升后下降的趋势，由2000年的44.02%上升至2010年的48.86%，2017年降为45.02%，如图2-26所示。

2.6　农用拖拉机拥有量

农用拖拉机拥有量指报告期实际在册的拖拉机台数。某一日期的实有台数通常是混合台数（亦称自然台数），即不分牌号、不分马力大小而统计的台数，一般按大中型、小型拖拉机分别计算。此处的农用拖拉机拥有量为大中型和小型拖拉机的总和。

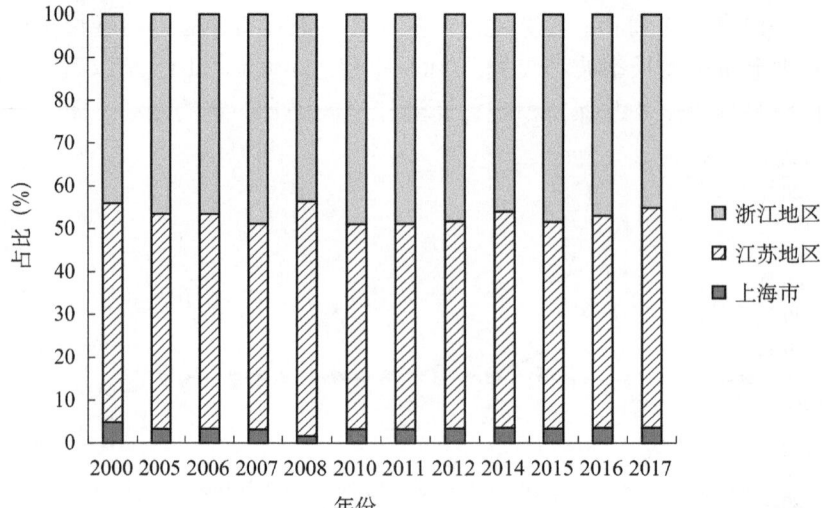

图 2-26　2000~2017年上海市、江苏地区、浙江地区农业机械总动力占比分布

表2-11为2000~2018年长三角核心区16个城市农用拖拉机拥有量。从表中可见，几乎所有城市都呈现出逐年减少的趋势，其中扬州市、南通市、南京市、泰州市等城市的农用拖拉机拥有量较多，舟山市、苏州市、无锡市等城市的农用拖拉机拥有量较少。

表2-11　2000~2018年长三角核心区16个城市农用拖拉机拥有量（单位：台）

城市	2000年	2001年	2002年	2003年	2004年	2005年	2006年	2007年	2008年
上海市	17 097	16 147	14 833	13 384	12 943	12 362	12 166	11 510	11 253
南京市	52 335	51 663	50 960	50 237	43 987	45 211	43 602	42 070	43 881
苏州市	28 018	26 663	22 249	18 537	14 658	13 038	13 463	11 324	7 770
扬州市			56 611	55 868	58 560	56 733	56 140	54 952	69 597
镇江市			19 066	20 365	20 079	20 623	19 391	20 968	21 278
泰州市		35 352	34 900	33 913	33 045	32 521	33 165	32 660	29 899
无锡市	28 586	28 644	26 498	24 992	23 832	23 214	21 208	20 985	9 964
常州市	30 551	34 820	34 581	38 557	39 821	37 549	35 834	35 441	25 272
南通市	55 076	54 405	57 258	44 950	46 860	44 252	41 387	39 790	42 645
杭州市	31 124	29 406	26 804	25 167	23 181	23 215	15 594	15 850	15 776
宁波市	28 552	27 133	25 255	23 492	19 933	20 445	20 671	20 805	20 787

续表

城市	2000年	2001年	2002年	2003年	2004年	2005年	2006年	2007年	2008年
湖州市	32 661	31 507	29 440	27 735	25 162	25 265	21 281	21 425	20 918
嘉兴市	29 258	28 764	27 669	26 461	25 410	25 503	21 933	22 065	21 681
舟山市	1 933	1 689	1 465	988	863	763	706	719	529
绍兴市	29 568	29 437	28 687	29 697	25 532	24 705	18 077	20 406	19 431
台州市	24 486	22 504	21 361	19 608	18 254	18 364	15 107	15 088	14 797

城市	2009年	2010年	2011年	2012年	2013年	2014年	2015年	2016年	2017年	2018年
上海市	11 499	11 584	11 657	10 945	10 494	10 456	10 467	10 486	10 045	10 020
南京市	42 821	43 208	42 632	36 339	35 064	30 578	28 614	26 283	26 084	25 778
苏州市	7 282	7 557	7 512	7 137	5 363	5 468	5 652	5 637	5 074	5 394
扬州市	71 918	61 594	69 443	57 048	58 931	58 592	55 397	57 951	53 130	
镇江市	22 668	23 064	23 436	22 634	22 735	21 911	18 701	18 992	18 658	17 487
泰州市	28 988	27 867	30 434	29 488	30 987	31 197	31 159	30 519		29 274
无锡市	9 446	9 193	8 785	8 720	8 394	7 922	6 906	6 642	6 264	6 113
常州市	24 618	23 603	23 228	23 065	21 554	19 425	19 005	19 566	19 132	10 720
南通市	40 950	41 042	42 890	46 360	46 037	46 649	43 271	38 612	38 462	38 354
杭州市	16 670	16 756	17 008	15 871	15 019	14 564	13 182	13 447	12 847	11 718
宁波市	21 168	21 532	21 568	20 198	18 672	13 882	8 974	9 603	8 832	7 983
湖州市	21 781	21 918	21 989	21 490	20 934	20 618	20 273	19 872	18 978	17 853
嘉兴市	21 814	20 388	19 386	18 496	16 814	15 963	14 829	14 202	13 204	11 613
舟山市	553	462	575	449	441	443	442	442	341	345
绍兴市	20 202	20 543	20 347	20 210	17 091	15 584	13 421	14 554	14 556	13 278
台州市	15 580	15 172	15 364	15 336	15 556	14 736	14 730	14 337	12 494	11 794

注：扬州市2000年、2001年和2018年，镇江市2000年和2001年，泰州市2000年和2017年数据未收集到，故空缺

2.6.1 从数字看形势

2016年，长三角核心区16个城市农用拖拉机拥有量为301 145台。其中，上海市农用拖拉机拥有量为10 486台，占比为3.48%；江苏地区农用拖拉机拥有量为204 202台，占比为67.81%；浙江地区农用拖拉机拥有量为86 457台，占比为28.71%。16个城市中，扬州市以57 951台位列第一，舟山市以442台位列最后一位。从年均增长率

来看，扬州市是唯一实现正增长的城市（表2-12）。

表2-12　2016年长三角核心区16个城市农用拖拉机拥有量及增长情况

城市	农用拖拉机拥有量		2016年比2002年增长倍数（倍）	2002～2016年年均增长率（%）
	总量（台）	占比（%）		
上海市	10 486	3.48	−0.29	−2.45
南京市	26 283	8.73	−0.48	−4.62
苏州市	5 637	1.87	−0.75	−9.34
扬州市	57 951	19.24	0.02	0.17
镇江市	18 992	6.31	0.00	−0.03
泰州市	30 519	10.13	−0.13	−0.95
无锡市	6 642	2.21	−0.75	−9.41
常州市	19 566	6.50	−0.43	−3.99
南通市	38 612	12.82	−0.33	−2.78
杭州市	13 447	4.47	−0.50	−4.81
宁波市	9 603	3.19	−0.62	−6.67
湖州市	19 872	6.60	−0.33	−2.77
嘉兴市	14 202	4.72	−0.49	−4.65
舟山市	442	0.15	−0.70	−8.20
绍兴市	14 554	4.83	−0.49	−4.73
台州市	14 337	4.76	−0.33	−2.81
总计	301 145	100.00	−0.37	−3.24

2016年，16个城市平均农用拖拉机拥有量为18 821.56台。其中，江苏地区的南京市、扬州市、镇江市、泰州市、常州市、南通市和浙江地区的湖州市7个城市高于平均水平，其余9个城市低于平均水平，如图2-27所示。

图2-28为2002年、2010年、2016年长三角核心区16个城市农用拖拉机拥有量情况。图中显示，2002～2010年各城市农用拖拉机拥有量明显减少，2010～2016年大多数城市农用拖拉机拥有量变化不大，宁波市农用拖拉机拥有量明显减少。

2 农业要素投入

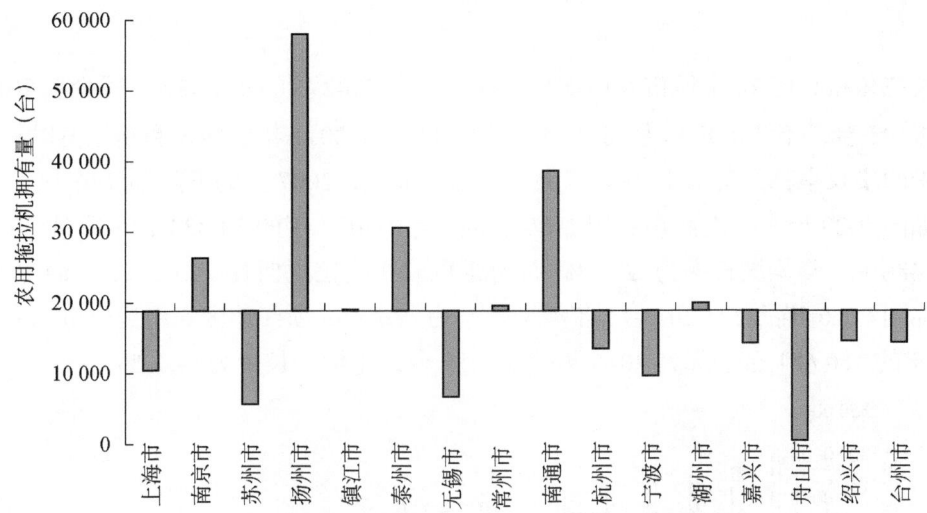

图 2-27　2016 年长三角核心区 16 个城市农用拖拉机拥有量与平均值比较

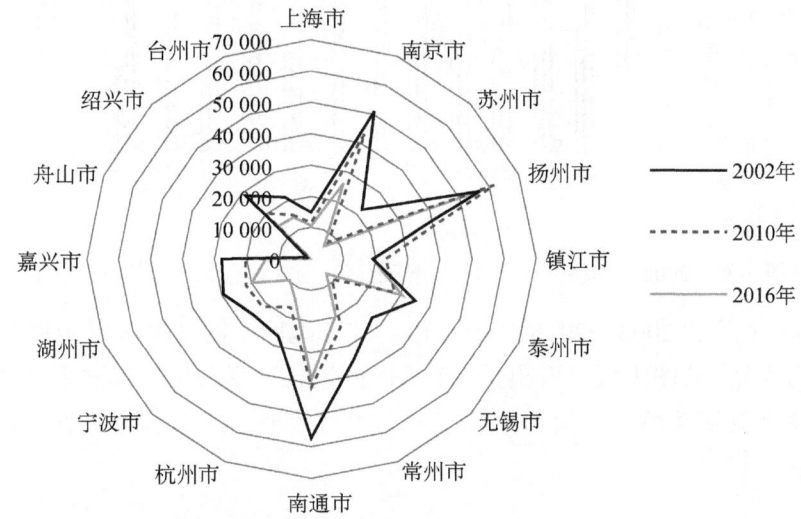

图 2-28　2002 年、2010 年、2016 年长三角核心区 16 个城市农用拖拉机拥有量情况
图中数字表示农用拖拉机拥有量，单位为台

2.6.2 从增速看发展

长三角核心区 16 个城市农用拖拉机拥有量由 2002 年的 477 637 台减少至 2016 年的 301 145 台，年均增长率为-3.24%，除 2009 年和 2011 年的增长率是正值以外，其余年份的增长率都是负值。2006 年的下降幅度最大，2007 年的下降幅度最小。

如图 2-29 所示，上海市农用拖拉机拥有量由 2002 年的 14 833 台下降到 2016 年的 10 486 台，年均增长率为-2.45%；江苏地区农用拖拉机拥有量由 2002 年的 302 123 台下降到 2016 年的 204 202 台，年均增长率为-2.76%；浙江地区农用拖拉机拥有量由 2002 年的 160 681 台下降到 2016 年的 86 457 台，年均增长率为-4.33%。

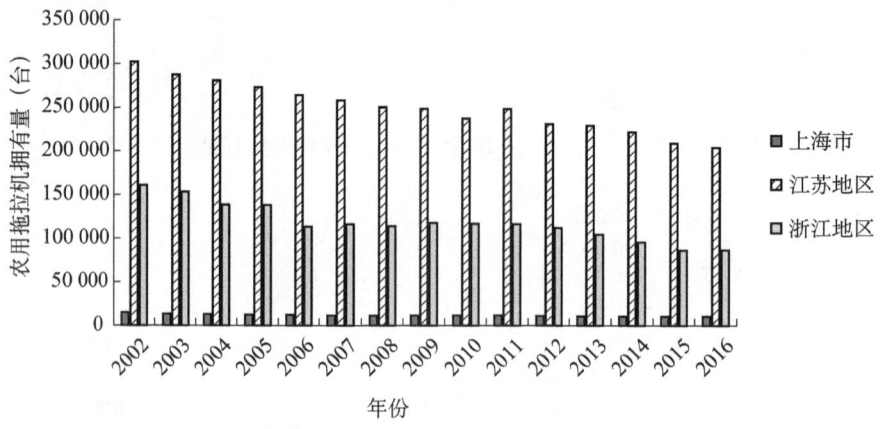

图 2-29　2002~2016 年上海市、江苏地区、浙江地区农用拖拉机拥有量

图 2-30 显示了 2003~2016 年上海市、江苏地区、浙江地区农用拖拉机拥有量增长率变化情况。从图中可以看出，三个地区的增长率呈现出波动式上升的趋势，在 2009~2011 年达到顶峰。上海市增长率波动相对较小，江苏地区和浙江地区增长率波动相对较大。

2.6.3 从结构看特征

图 2-31 展示了上海市、江苏地区、浙江地区农用拖拉机拥有量占长三角核心区农

用拖拉机拥有量的比重。从图中可以看出，上海市农用拖拉机拥有量占长三角核心区农用拖拉机拥有量的比重最小，一直在 4%以下；江苏地区占比最大，一直在 60%以上；浙江地区占比居中，徘徊在 30%左右。

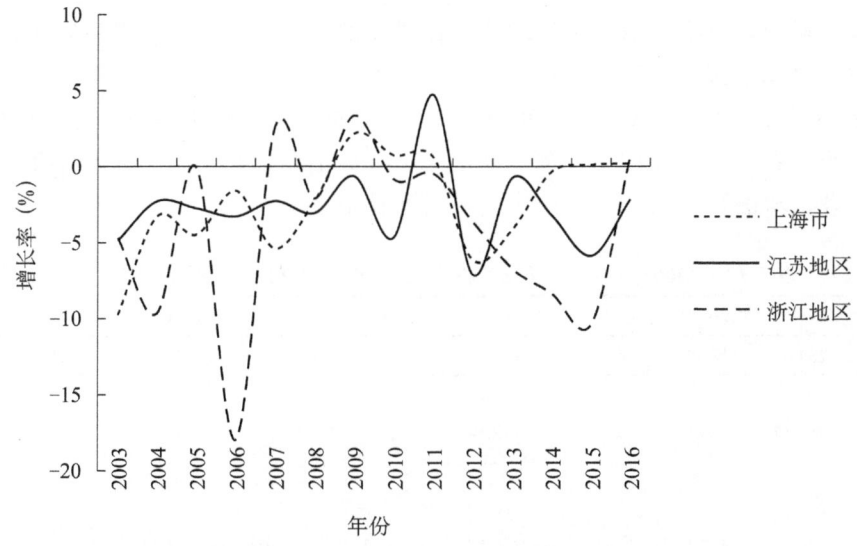

图 2-30　2003~2016 年上海市、江苏地区、浙江地区农用拖拉机拥有量增长率变化情况

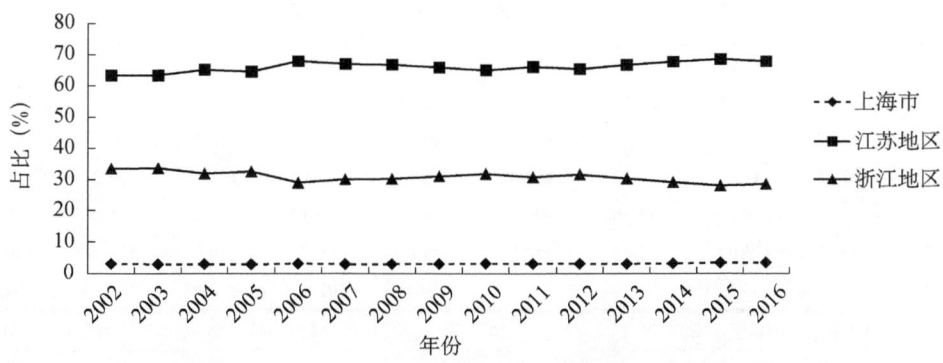

图 2-31　2002~2016 年上海市、江苏地区、浙江地区农用拖拉机拥有量占比分布

2.7　农业机耕面积

农业机耕面积是指由拖拉机等农业机械耕作的实有耕地面积,是反映种植业耕作环节中农业耕作机械装备程度的指标。

表 2-13 为 2000~2018 年长三角核心区 16 个城市农业机耕面积。从表中可见,几乎所有城市的农业机耕面积总体都呈现出先下降后上升的趋势,其中泰州市、上海市、宁波市农业机耕面积较大,舟山市农业机耕面积最小。

表 2-13　2000~2018 年长三角核心区 16 个城市农业机耕面积（单位：10^3 公顷）

城市	2000年	2001年	2002年	2003年	2004年	2005年	2006年	2007年	2008年
上海市	234.6	182.3	168.7	192.1	175.1	172.1	171.8	165.1	373.7
南京市									
苏州市	253.17	236.19	201.32	153.54	129.7	142.69	131.06	127.92	148.3
扬州市									
镇江市									
泰州市	240.61	293.13	293.9	310.18	238.42	244.02	242.44	242.9	339.16
无锡市	123	104.02	94.53	78.82	81.57	83.76	78.97	73.1	69.44
常州市	138.05	134.13	128.25	120.93	119.97	118.21	115.93	116.12	170.67
南通市									
杭州市	159.41	219.07	143.87	135.83	134.13	135.17	127.66	127.03	130.29
宁波市	148.45	216.55	136.79	116.55	122.36	123.98	135.52	136.27	138.31
湖州市	109.87	161.19	108	110.87	106.73	107.13	110.45	109.7	106.58
嘉兴市	163.65	241.74	154.32	145.96	143.8	137.14	133.74	134.2	129.89
舟山市	11.01	16.01	10.76	9.99	9.03	8.87	10.03	8.06	7.59
绍兴市	118.67	173.08	114.47	104.56	111.05	109.83	119.67	122.38	120.67
台州市	107.5	155.35	98.39	91.51	94.11	102.4	100.87	107.25	104.21
城市	2009年	2010年	2011年	2012年	2013年	2014年	2015年	2016年	2017年	2018年
上海市	389	394.7	399.7	386.1	372.3	357.4	339.7	295.7	280.7	285.3
南京市										
苏州市	172.78	171.47	180.85	180.69	177.55	176.16	170.88	169.63	137.90	140.62
扬州市										
镇江市										
泰州市	367.97	338.11	352.36	407.08	418.95	421.36	422.73	422.79	421.35	481.59

续表

城市	2009年	2010年	2011年	2012年	2013年	2014年	2015年	2016年	2017年	2018年
无锡市	66.93	80.03	59.03	108.63	119.57	118.19	108.57	98.23	88.27	98.93
常州市	166.11	167.64	167.69	158.28	163.59	168.46	156.82	137.18	131.75	125.21
南通市										
杭州市	130.27	128.62	125.61	121.71	120.71	158.78	151.59	158.72	159.88	152.23
宁波市	134.41	135.32	133.15	132.81	132.38	187.11	219.75	223.15	220.04	229.32
湖州市	102.11	101.75	98.84	98.42	92.58	127.56	119.22	111.1	100.42	90.37
嘉兴市	123.23	118.1	117.89	117.34	117.51	153.16	153.02	151.77	146.88	149.96
舟山市	7.35	7.12	7.01	6.86	6.89	8.47	8.36	8.42	8.48	9.08
绍兴市	118.41	121.83	125.47	126.11	130.68	180.65	179.02	174.31	175.17	148.09
台州市	107.19	105.75	102.11	99.1	99.2	132.17	132.59	130.26	128.75	127.19

注：南京市、扬州市、镇江市、南通市数据未收集到，故空缺

2.7.1 从数字看形势

2018年，长三角核心区12个城市农业机耕面积为 2037.89×10^3 公顷。其中，上海市农业机耕面积为 285.3×10^3 公顷，占比为14.00%；江苏地区农业机耕面积为 846.35×10^3 公顷，占比为41.53%；浙江地区农业机耕面积为 906.24×10^3 公顷，占比为44.47%。12个城市中，泰州市以 481.59×10^3 公顷位列第一，舟山市以 9.08×10^3 公顷位列最后一位。从年均增长率来看，上海市、泰州市、宁波市、绍兴市和台州市增长率为正值，其余城市为负值（表2-14）。

表2-14 2018年长三角核心区12个城市农业机耕面积及增长情况

城市	农业机耕面积		2018年比2000年增长倍数（倍）	2000~2018年年均增长率（%）
	总量（10^3公顷）	占比（%）		
上海市	285.3	14.00	0.22	1.09
苏州市	140.62	6.90	−0.44	−3.21
泰州市	481.59	23.63	1.00	3.93
无锡市	98.93	4.85	−0.20	−1.20
常州市	125.21	6.14	−0.09	−0.54
杭州市	152.23	7.47	−0.05	−0.26
宁波市	229.32	11.25	0.54	2.45

续表

城市	农业机耕面积		2018年比2000年增长倍数（倍）	2000~2018年年均增长率（%）
	总量（10³公顷）	占比（%）		
湖州市	90.37	4.43	−0.18	−1.08
嘉兴市	149.96	7.36	−0.08	−0.48
舟山市	9.08	0.45	−0.18	−1.07
绍兴市	148.09	7.27	0.25	1.24
台州市	127.19	6.24	0.18	0.94
总计	2037.89	100.00	0.13	0.67

2018年，12个城市平均农业机耕面积为169.82×10³公顷。其中，上海市、泰州市和宁波市3个城市高于平均水平，其余9个城市低于平均水平，如图2-32所示。

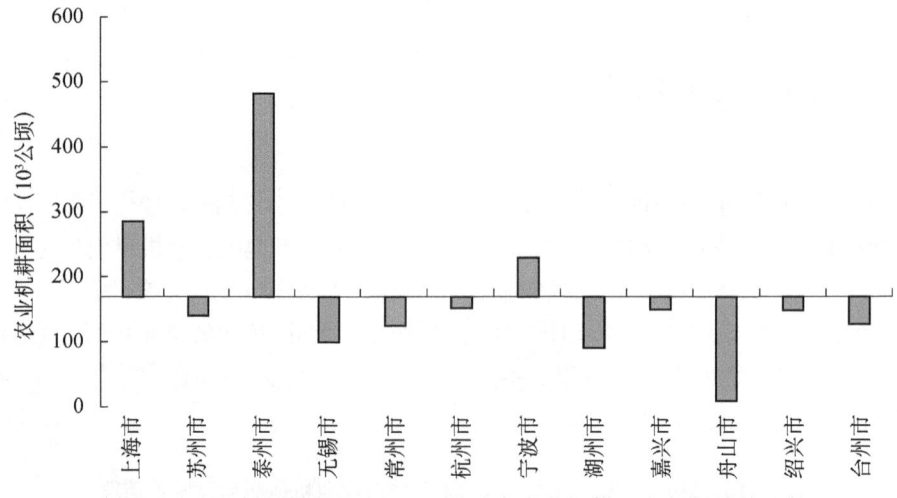

图2-32 2018年长三角核心区12个城市农业机耕面积与平均值比较

图2-33为2002年、2010年、2018年长三角核心区12个城市农业机耕面积情况。图中显示，2002~2010年上海市、泰州市、常州市等城市农业机耕面积明显扩大，2010~2018年大多数城市农业机耕面积变化不大，泰州市和宁波市农业机耕面积明显扩大，上海市农业机耕面积明显缩小。

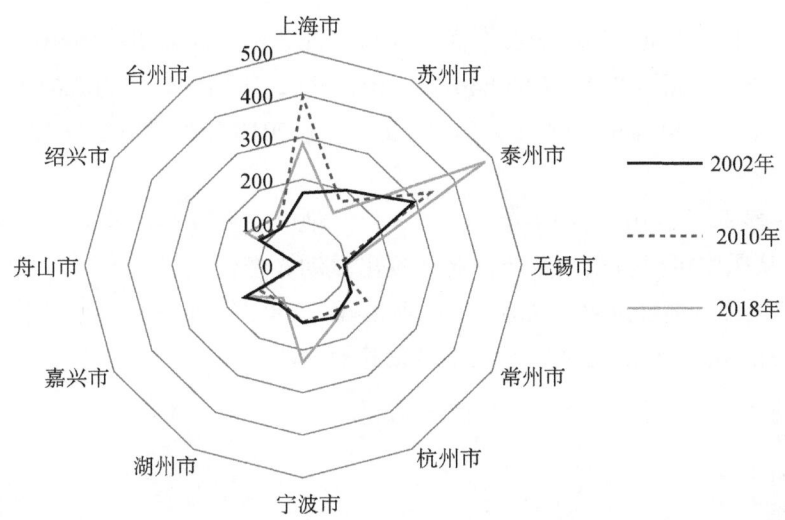

图 2-33 2002 年、2010 年、2018 年长三角核心区 12 个城市农业机耕面积情况

图中数字表示农业机耕面积，单位为 10^3 公顷

2.7.2 从增速看发展

长三角核心区 12 个城市的农业机耕面积由 2000 年的 1807.99×10^3 公顷扩张至 2018 年的 2037.89×10^3 公顷，年均增长率为 0.67%。其中，2001 年、2008 年和 2014 年的增幅较大。

如图 2-34 所示，上海市农业机耕面积由 2000 年的 234.60×10^3 公顷扩大至 2018

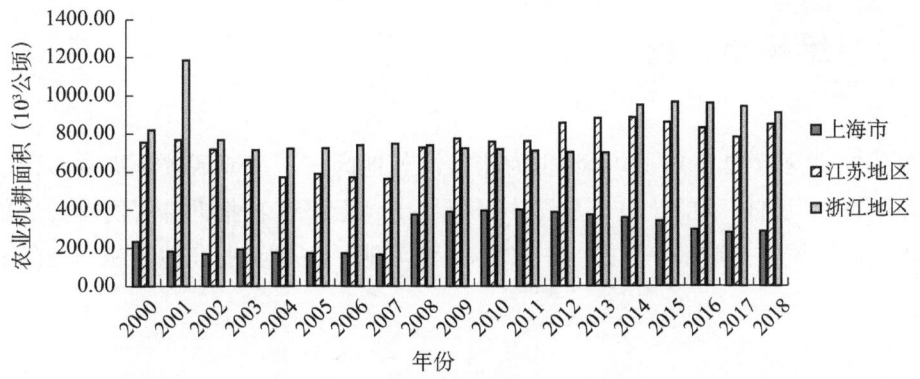

图 2-34 2000～2018 年上海市、江苏地区、浙江地区农业机耕面积

年的 285.30×10^3 公顷，年均增长率为 1.09%；江苏地区农业机耕面积由 2000 年的 754.83×10^3 公顷扩张至 2018 年的 846.35×10^3 公顷，年均增长率为 0.64%；浙江地区农业机耕面积由 2000 年的 818.56×10^3 公顷扩张至 2018 年的 906.24×10^3 公顷，年均增长率为 0.57%。

图 2-35 显示了 2001~2018 年上海市、江苏地区、浙江地区农业机耕面积增长率变化情况。从图中可以看出，三个地区呈现出波动式变化趋势，上海市和江苏地区在 2008 年达到顶峰，浙江地区在 2014 年达到顶峰（2002 年以来）。上海市增长率波动相对较大，江苏地区和浙江地区增长率波动相对较小。

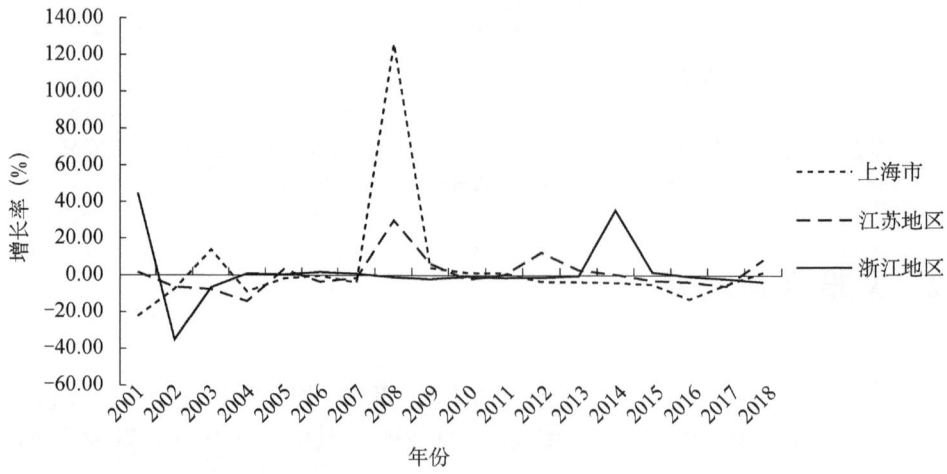

图 2-35　2001~2018 年上海市、江苏地区、浙江地区农业机耕面积增长率变化情况

2.7.3　从结构看特征

图 2-36 展示了 2000~2018 年上海市、江苏地区、浙江地区农业机耕面积占长三角核心区农业机耕面积的比重。从图中可以看出，上海市农业机耕面积占长三角核心区农业机耕面积的比重最小，在 8%~22%；江苏地区占比与浙江地区相当，在 35%~56%。

2 农业要素投入

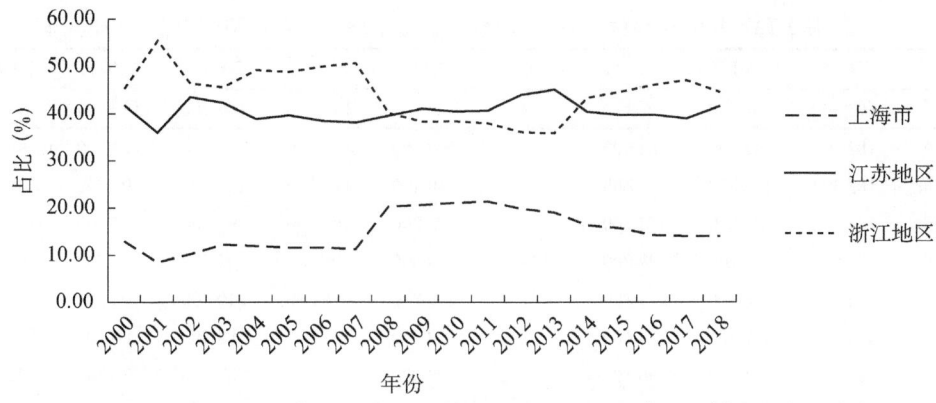

图 2-36　2000～2018 年上海市、江苏地区、浙江地区农业机耕面积占比分布

2.8　农业化肥施用量

农业化肥施用量指本年内实际用于农业生产的化肥总量,包括氮肥、磷肥、钾肥和复合肥。化肥施用量要求按折纯量计算数量。折纯量是指把氮肥、磷肥、钾肥分别按含氮、含五氧化二磷、含氧化钾的百分之一百成分进行折算后的数量。其中,复合肥按其所含主要成分折算。

化肥是国家工业现代化成果的体现,是工业文明的重要标志,化肥将农田从休耕培肥—再生产的长周期转变为不需要培肥的连续生产的短周期,大幅提高了农田食物生产频率和产量。进入 21 世纪,我国践行科学发展观,化肥减量增效是农业绿色发展的必然要求。化肥使用量零增长是实现农业转型和绿色发展的必由之路。国家相关文件指出,要在确保国家粮食安全的基础上,坚持质量第一、效益优先、绿色导向,紧紧围绕市场需求变化,以提质增效、节本增效、保障有效供给、增加农民收入为主要目标,进一步推动调优结构减量、精准施肥减量、有机肥替代减量、耕地质量提升减量,提高化肥利用效率等减量方式,促进农业由过度依赖资源消耗向追求绿色生态可持续转变,走出一条产出高效、产品安全、资源节约、环境友好的现代农业发展之路。

表 2-15 为 2000～2017 年长三角核心区 14 个城市农业化肥施用量(湖州市和嘉兴市无数据)。从表中可见,大部分城市农业化肥施用量呈现下降趋势,其中杭州市和宁波市在 2014 年后出现反弹,舟山市农业化肥施用量远远低于其他城市。

表2-15 2000～2017年长三角核心区14个城市农业化肥施用量（单位：吨）

城市	2000年	2001年	2002年	2003年	2004年	2005年	2006年	2007年	2008年
上海市	193 300	202 800				144 400	145 300	140 800	143 200
南京市	187 760	192 700	184 000		160 500	148 600	134 500	123 600	98 960
苏州市	183 394	178 300	163 600		130 400	116 300	109 600	93 900	89 065
扬州市	164 202	158 800	158 100		172 800	181 900	193 500	197 100	198 914
镇江市	95 900	88 200	87 800	87 100	88 600	96 100	95 200	101 400	98 600
泰州市	274 538	258 800	251 800		220 800	216 200	210 300	205 300	199 975
无锡市	114 311	117 500	119 600		98 500	91 300	88 500	80 200	74 613
常州市	100 528	101 200	96 300		92 000		87 200	76 500	72 927
南通市	272 722	274 300	275 700		266 500	270 900	271 600	276 300	268 737
杭州市	111 281	120 204	129 178	129 587	130 865	130 462	130 177	130 364	119 295
宁波市	113 551	110 119	116 751	120 131	123 990	119 747	119 596	112 988	112 969
舟山市	4 373	4 256	4 869	5 278	5 695	4 213	4 571	4 715	
绍兴市	99 357	109 892	101 233	92 290	96 228	97 031	99 449	101 396	88 334
台州市	105 913	96 388	90 613	87 727	88 932	89 625	88 848	87 047	

城市	2009年	2010年	2011年	2012年	2013年	2014年	2015年	2016年	2017年
上海市	125 600	118 400	116 200	109 900	107 800	101 500	99 200	91 600	89 000
南京市	94 300	90 100	84 500	82 000	80 500	77 300	74 500	73 949	70 660
苏州市	93 600	91 500	87 600	84 500	81 200	78 500	77 700	71 147	67 807
扬州市	201 400	189 700	189 500	194 500	198 800	199 700	202 500		192 578
镇江市	77 400	69 800	63 500	58 800	57 200	54 600	53 900	53 600	51 100
泰州市	195 300	193 300	185 600	179 200	175 600	171 400	165 500	161 200	157 600
无锡市	69 600	65 300	62 000	59 700	57 300	54 900	52 900	51 800	50 700
常州市	69 600	67 000	65 300	63 400	62 700	62 400	67 300	60 400	58 100
南通市	266 900	245 400	237 500	238 000	234 900	227 400	224 800	222 400	218 600
杭州市	118 918	115 140	109 714	108 363		97 928	142 723	137 921	145 902
宁波市	113 349	108 879	111 290	111 774	112 886	111 447	127 342	135 050	125 295
舟山市	5 038	5 299	6 039	5 034	4 829	5 123	4 338	4 380	4 207
绍兴市	103 021	103 480	104 487	105 268	104 836	112 811	109 144	107 471	105 526
台州市	91 545	90 977	89 670	90 370	92 561	89 528	88 296	87 777	90 159

注：上海市2002～2004年，南京市和苏州市2003年，扬州市2003年、2016年，泰州市、无锡市、常州市、南通市2003年，常州市2005年，杭州市2013年，舟山市和台州市2008年数据未收集到，故空缺

2.8.1 从数字看形势

2017年，长三角核心区14个城市农业化肥施用量为1 427 234吨。其中，南通市农业化肥施用量为218 600吨，列第一位；舟山市农业化肥施用量最低，为4207吨，各城市化肥施用量基本保持负增长，见表2-16。14个城市中，扬州市、南通市、杭州市、泰州市、宁波市和绍兴市6个城市农业化肥施用量超过100 000吨。从年均增长率来看，仅扬州市、杭州市、宁波市、绍兴市为正增长，但年均增长率较低，其他城市均为负增长。

表2-16 2017年长三角核心区14个城市农业化肥施用量及增长情况

城市	农业化肥施用量		2017年比2000年增长倍数（倍）	2000～2017年年均增长率（%）
	总量（吨）	占比（%）		
上海市	89 000	6.24	−0.54	−4.46
南京市	70 660	4.95	−0.62	−5.59
苏州市	67 807	4.75	−0.63	−5.68
扬州市	192 578	13.49	0.17	0.94
镇江市	51 100	3.58	−0.47	−3.64
泰州市	157 600	11.04	−0.43	−3.21
无锡市	50 700	3.55	−0.56	−4.67
常州市	58 100	4.07	−0.42	−3.17
南通市	218 600	15.32	−0.20	−1.29
杭州市	145 902	10.22	0.31	1.61
宁波市	125 295	8.78	0.10	0.58
舟山市	4 207	0.29	−0.04	−0.23
绍兴市	105 526	7.39	0.06	0.35
台州市	90 159	6.32	−0.15	−0.94
总计	1 427 234	100.00	−0.29	−2.03

2017年，长三角核心区14个城市平均农业化肥施用量为101 945吨。其中，江苏地区的扬州市、泰州市、南通市和浙江地区的杭州市、宁波市、绍兴市6个城市高于平均水平，其余8个城市低于平均水平，如图2-37所示。高于平均水平的6个城市的农业化肥施用量为945 501吨，占长三角核心区农业化肥施用总量的66.25%。

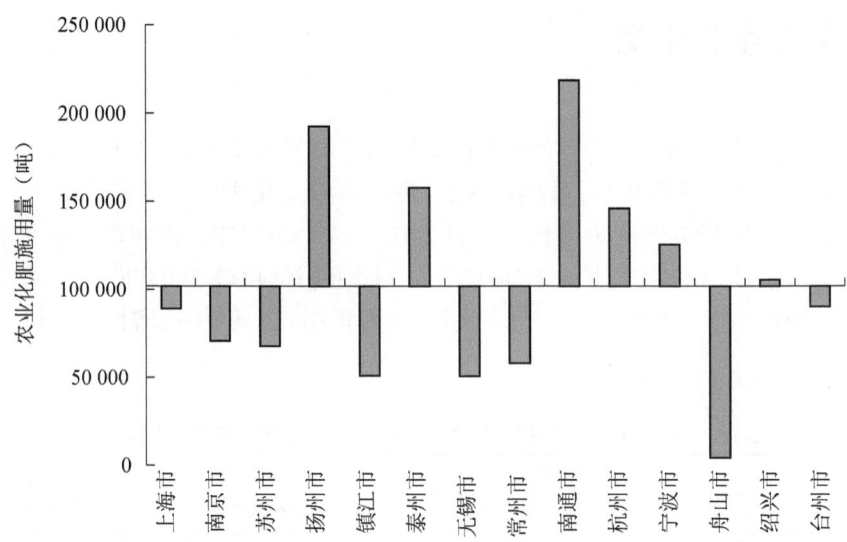

图 2-37　2017 年长三角核心区 14 个城市农业化肥施用量与平均值比较

图 2-38 为 2000 年、2010 年、2017 年长三角核心区 14 个城市农业化肥施用量情况。图中显示，除扬州市、杭州市、宁波市农业化肥施用量持续增加以外，其他城市大都处于缩减态势，其中上海市、南京市、苏州市缩减明显。

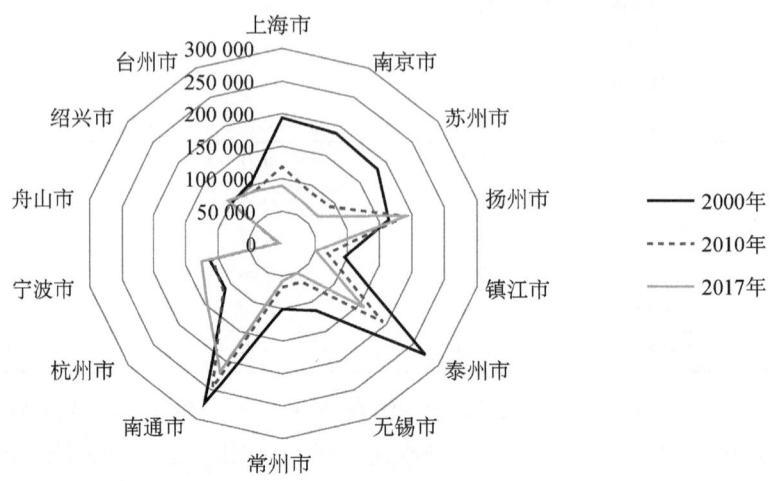

图 2-38　2000 年、2010 年、2017 年长三角核心区 14 个城市农业化肥施用量情况
图中数字表示农业化肥施用量，单位为吨

2.8.2 从增速看发展

图 2-39 为 2000～2017 年长三角核心区主要城市农业化肥施用量变化情况。图中显示，上海市和南京市农业化肥施用量持续下降；杭州市 2014 年以前保持下降趋势，但 2015 年起明显上升并保持高位；南通市显著高于其他城市，但也保持下降趋势。

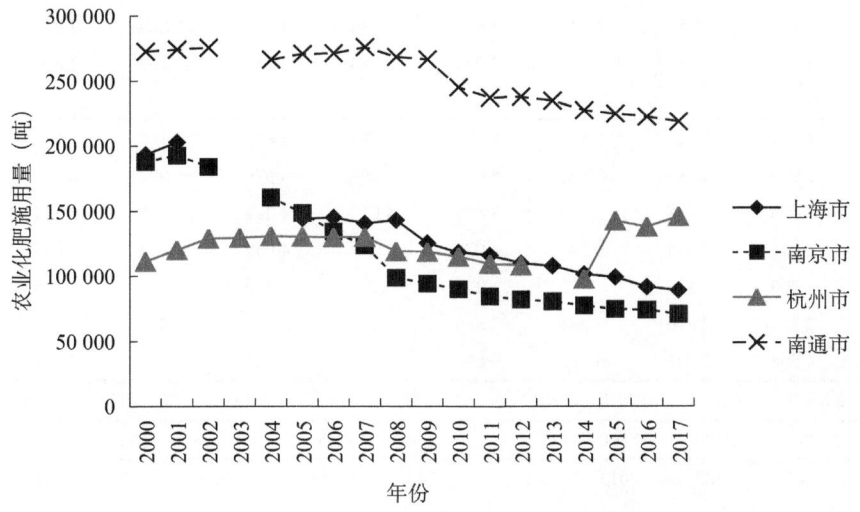

图 2-39　2000～2017 年长三角核心区主要城市农业化肥施用量变化情况

图中主要城市选择标准在于上海市为直辖市、南京市与杭州市为省会城市，需包含在内，南通市是 2017 年的最大值，具有比较意义

2.9　农用塑料薄膜使用量

表 2-17 为 2000～2018 年长三角核心区 16 个城市农用塑料薄膜使用量。从表中可见，除上海市外几乎所有城市都呈现出逐年增加的趋势，其中上海市、宁波市、杭州市、台州市等城市的农用塑料薄膜使用量较多，舟山市农用塑料薄膜使用量较少。

表2-17 2000～2018年长三角核心区16个城市农用塑料薄膜使用量（单位：吨）

城市	2000年	2001年	2002年	2003年	2004年	2005年	2006年	2007年	2008年
上海市	21 300	22 300	22 500	22 500	23 700	24 400	22 100	21 300	21 300
南京市	4 650	5 833	6 241	5 513	5 140	5 031	4 685	4 516	4 633
苏州市									
扬州市									
镇江市			2 367	2 305	2 528	2 357	2 234	2 704	2 738
泰州市	2 428	2 330	2 588	2 619	2 701	2 717	2 738	2 932	2 859
无锡市	2 266	2 152	2 570	3 699	3 834	4 324	6 880	7 040	7 857
常州市	1 843	2 010	2 262	2 039	2 288	2 145	2 206	2 068	2 068
南通市									
杭州市	4 671	5 215	5 519	7 105	6 684	6 893	7 436	7 567	7 487
宁波市	3 906	4 185	5 496	5 859	5 999	5 579	5 998	6 022	6 941
湖州市	3 270	3 458	3 678	3 810	4 014	4 224	4 451	4 614	4 718
嘉兴市	3 021	3 574	3 796	4 020	4 312	4 639	5 055	5 055	5 555
舟山市	202	227	215	275	268	569	210	208	224
绍兴市	2 371	2 686	2 981	3 369	3 129	3 245	3 345	3 395	3 557
台州市	4 558	5 726	6 318	6 656	7 020	7 405	7 471	7 541	7 775

城市	2009年	2010年	2011年	2012年	2013年	2014年	2015年	2016年	2017年	2018年
上海市	20 400	21 100	20 500	19 300	19 400	19 300	18 000	17 100	15 700	14 800
南京市	4 741	5 182	5 013	5 147	5 245	5 246	5 136	5 093	4 916	5 030
苏州市										
扬州市										
镇江市	2 683	2 757	2 918	2 981	3 063	3 215	3 205	3 136	3 175	3 187
泰州市	3 378	3 693	3 902	4 019	4 172	4 381	4 608	4 757	4 679	4 678
无锡市	8 702	9 385	11 017	11 061	12 175	12 454	3 796	3 783	3 788	3 790
常州市	2 910	2 443	2 575	2 739	2 907	3 035	2 975	2 981	2 969	3 313
南通市										
杭州市	7 673	8 010	9 767	10 724	10 614	10 703	11 028	10 671	10 610	10 567
宁波市	7 454	7 615	8 622	10 634	11 071	11 261	11 889	12 033	12 465	13 217
湖州市	4 780	4 839	5 088	4 976	5 011	5 097	5 241	5 333	5 336	5 398
嘉兴市	5 682	5 772	5 829	5 934	5 996	6 063	6 090	6 039	6 105	6 206
舟山市	217	225	263	302	358	417	341	382	381	354
绍兴市	3 858	3 927	4 073	4 276	4 392	4 562	5 145	5 175	5 187	5 134
台州市	7 898	8 152	8 363	8 545	8 946	9 210	9 387	9 584	10 162	10 313

注：苏州市、扬州市、南通市2000～2018年，镇江市2000年和2001年数据未收集到，故空缺

2.9.1 从数字看形势

2018年,长三角核心区13个城市农用塑料薄膜使用量为85 987吨。其中,上海市农用塑料薄膜使用量为14 800吨,占比为17.21%;江苏地区农用塑料薄膜使用量为19 998吨,占比为23.26%;浙江地区农用塑料薄膜使用量为51 189吨,占比为59.53%。13个城市中,上海市位列第一,舟山市位列最后一位(表2-18)。

表2-18 2018年长三角核心区13个城市农用塑料薄膜使用量及增长情况

城市	农用塑料薄膜使用量		2018年比2002年增长倍数(倍)	2002~2018年年均增长率(%)
	总量(吨)	占比(%)		
上海市	14 800	17.21	-0.34	-2.58
南京市	5 030	5.85	-0.19	-1.34
镇江市	3 187	3.71	0.35	1.88
泰州市	4 678	5.44	0.81	3.77
无锡市	3 790	4.41	0.47	2.46
常州市	3 313	3.85	0.46	2.41
杭州市	10 567	12.29	0.91	4.14
宁波市	13 217	15.37	1.40	5.64
湖州市	5 398	6.28	0.47	2.43
嘉兴市	6 206	7.22	0.63	3.12
舟山市	354	0.41	0.65	3.17
绍兴市	5 134	5.97	0.72	3.46
台州市	10 313	11.99	0.63	3.11
总计	85 987	100.00	0.29	1.62

2018年,长三角核心区13个城市平均农用塑料薄膜使用量为6614吨。其中,上海市和浙江地区的杭州市、宁波市、台州市4个城市高于平均水平,其余9个城市低于平均水平,如图2-40所示。

图2-41为2002年、2010年、2018年长三角核心区13个城市农用塑料薄膜使用量情况。图中显示,2002~2018年,除上海市和南京市外各城市农用塑料薄膜使用量均在增加。

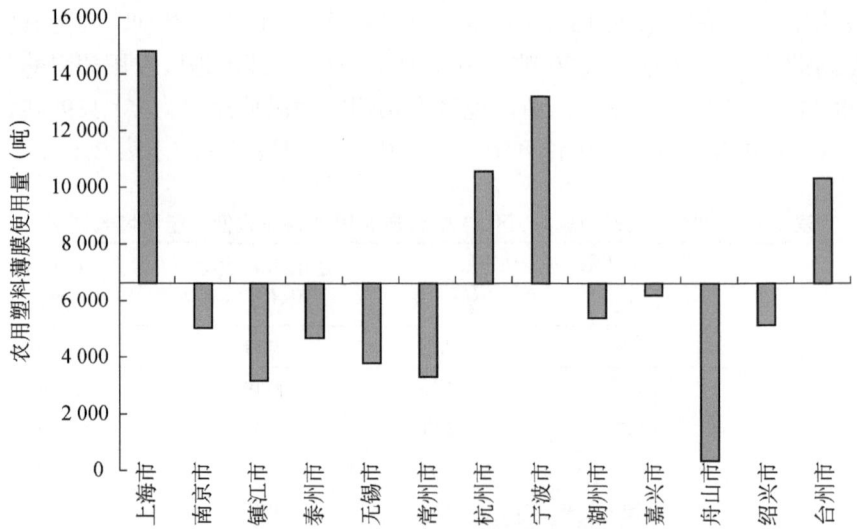

图 2-40　2018 年长三角核心区 13 个城市农用塑料薄膜使用量与平均值比较

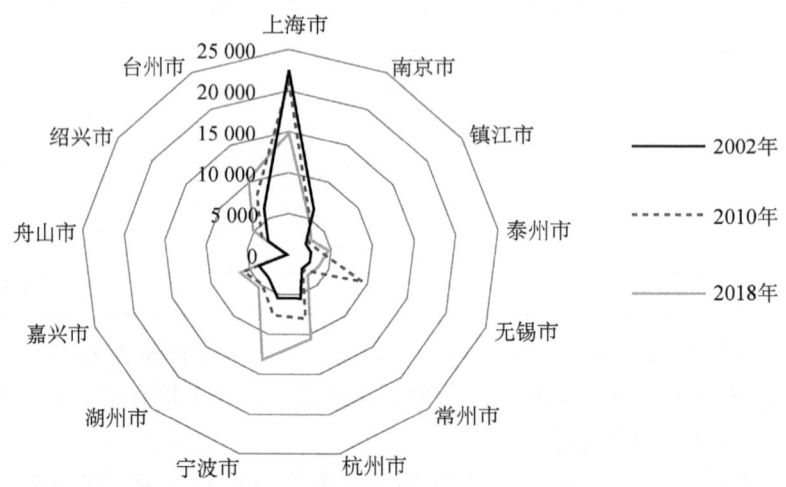

图 2-41　2002 年、2010 年、2018 年长三角核心区 13 个城市农用塑料薄膜使用量情况

图中数字表示农用塑料薄膜使用量，单位为吨

2.9.2 从增速看发展

长三角核心区 13 个城市的农用塑料薄膜使用量由 2002 年的 66 531 吨上升到 2018 年的 85 987 吨，年均增长率为 1.62%。

如图 2-42 所示，上海市农用塑料薄膜使用量由 2002 年的 22 500 吨下降到 2018 年的 14 800 吨，年均增长率为-2.58%；江苏地区农用塑料薄膜使用量由 2002 年的 16 028 吨上升到 2018 年的 19 998 吨，年均增长率为 1.39%；浙江地区农用塑料薄膜使用量由 2002 年的 28 003 吨上升到 2018 年的 51 189 吨，年均增长率为 3.84%。

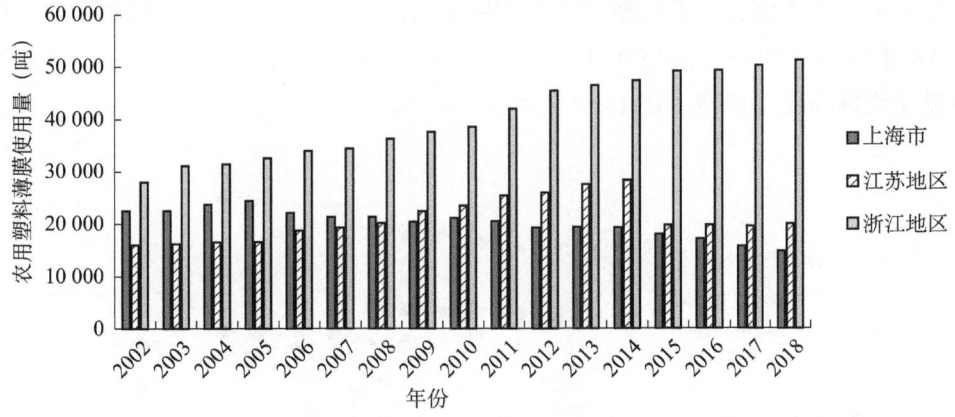

图 2-42　2002～2018 年上海市、江苏地区、浙江地区农用塑料薄膜使用量

图 2-43 显示了 2003～2018 年上海市、江苏地区、浙江地区农用塑料薄膜使用量

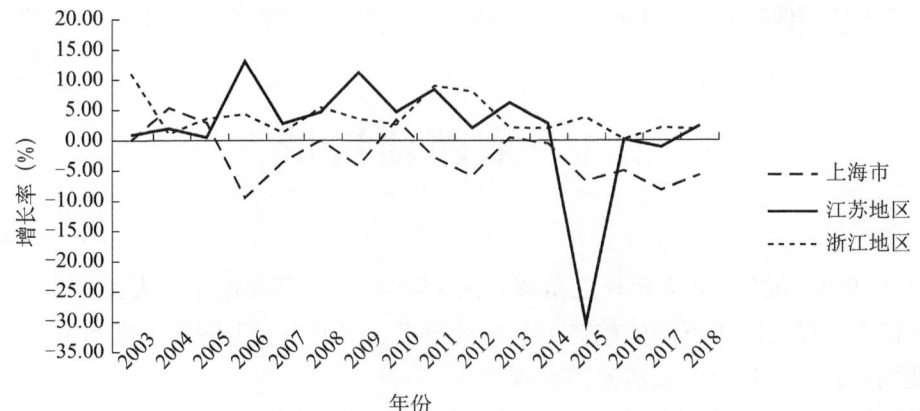

图 2-43　2003～2018 年上海市、江苏地区、浙江地区农用塑料薄膜使用量增长率变化情况

增长率变化情况。从图中可以看出，上海市和浙江地区呈现波动式下降趋势，江苏地区呈现波动式上升趋势。2015年，江苏地区增长率出现大幅度下降。

2.9.3 从结构看特征

图2-44展示了2002～2018年上海市、江苏地区、浙江地区农用塑料薄膜使用量占长三角核心区农用塑料薄膜使用量的比重。从图中可以看出，浙江地区农用塑料薄膜使用量占长三角核心区农用塑料薄膜使用量的比重最大，从2002年的42.09%提高到2018年的59.53%。上海市和江苏地区农用塑料薄膜使用量占长三角核心区农用塑料薄膜使用量的比重相当，在17%～34%。

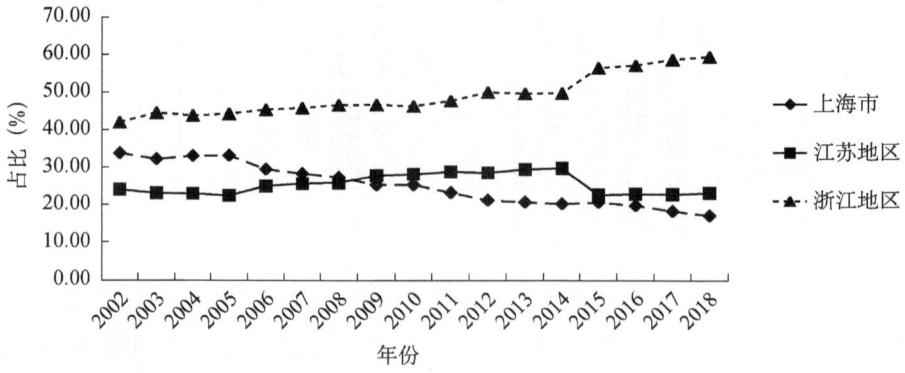

图2-44 2002～2018年上海市、江苏地区、浙江地区农用塑料薄膜使用量占比分布

2.10 农药使用量

表2-19为2000～2018年长三角核心区16个城市农药使用量。从表中可见，几乎所有城市都呈现出逐年下降的趋势，其中杭州市、宁波市、上海市、湖州市等城市的农药使用量较多，舟山市农药使用量较少。

表2-19 2000~2018年长三角核心区16个城市农药使用量 （单位：吨）

城市	2000年	2001年	2002年	2003年	2004年	2005年	2006年	2007年	2008年
上海市	11 000	9 800	9 600	8 500	6 600	8 400	8 300	8 100	8 100
南京市	5 978	6 060	5 706	5 183	4 620	5 950	3 660	3 223	2 984
苏州市	8 112	7 564	6 755	6 278	6 599	6 627	6 155	5 133	5 002
扬州市									
镇江市			3 359	3 293	3 449	4 271	4 097	4 133	4 189
泰州市	8 575	7 544	7 286	7 106	7 908	7 814	7 936	7 532	7 227
无锡市	4 916	4 739	4 499	4 026	4 321	5 936	4 558	4 176	3 903
常州市	4 789	4 965	4 401	4 586	4 524	6 584	5 555	5 007	4 442
南通市									
杭州市	8 365	9 166	8 779	8 911	8 939	9 458	9 475	9 232	9 132
宁波市	7 304	7 252	7 218	6 952	7 257	7 523	7 503	7 169	6 799
湖州市	5 772	5 943	6 181	6 433	6 769	7 375	7 498	7 611	7 920
嘉兴市	7 673	7 299	6 955	6 541	6 426	6 789	6 655	6 573	6 713
舟山市	335	476	413	335	367	355	405	406	413
绍兴市	7 069	8 716	7 501	6 072	6 071	6 408	6 337	6 478	6 484
台州市	6 414	6 007	5 862	5 574	5 597	5 610	5 561	5 415	5 340

城市	2009年	2010年	2011年	2012年	2013年	2014年	2015年	2016年	2017年	2018年
上海市	7 300	7 600	6 300	5 800	5 000	4 700	4 400	3 900	3 700	3 200
南京市	2 612	2 425	2 126	1 994	1 895	1 809	1 689	1 660	1 590	1 488
苏州市	4 893	4 512	4 205	4 141	4 030	3 922	3 960	3 739	3 623	3 458
扬州市										
镇江市	3 451	3 184	3 073	2 841	2 717	2 578	2 549	2 424	2 264	2 159
泰州市	7 143	7 255	6 496	6 232	5 624	5 523	5 342	5 253	4 869	4 698
无锡市	3 585	3 071	2 974	2 807	2 667	2 524	2 460	2 487	2 310	2 170
常州市	3 962	3 840	3 647	3 459	3 367	3 317	3 152	3 091	2 940	2 742
南通市										
杭州市	8 816	8 737	8 308	7 950	7 761	7 170	6 904	6 776	6 632	6 316
宁波市	6 733	7 425	7 783	7 492	7 614	7 340	7 153	6 208	5 713	5 430
湖州市	8 023	7 753	7 487	7 187	6 869	5 730	5 310	4 225	3 760	3 271
嘉兴市	6 705	6 641	6 608	6 668	6 744	6 520	6 283	6 124	5 977	5 891
舟山市	404	439	495	532	708	667	501	448	447	444
绍兴市	6 407	6 226	6 166	6 143	6 044	6 277	6 052	5 850	5 771	5 668
台州市	5 093	4 850	4 727	4 605	4 515	4 336	4 189	3 106	3 053	2 788

注：扬州市和南通市2000~2018年，镇江市2000年和2001年数据未收集到，故空缺

2.10.1 从数字看形势

2018年，长三角核心区14个城市农药使用量为49 723吨。其中，上海市农药使用量为3200吨，占比为6.44%；江苏地区农药使用量为16 715吨，占比为33.62%；浙江地区农药使用量为29 808吨，占比为59.95%。14个城市中，杭州市以6316吨位列第一，舟山市以444吨位列最后一位（表2-20）。

表2-20 2018年长三角核心区14个城市农药使用量及增长情况

城市	农药使用量 总量（吨）	占比（%）	2018年比2002年增长倍数（倍）	2002~2018年年均增长率（%）
上海市	3 200	6.44	−0.67	−6.64
南京市	1 488	2.99	−0.74	−8.06
苏州市	3 458	6.95	−0.49	−4.10
镇江市	2 159	4.34	−0.36	−2.72
泰州市	4 698	9.45	−0.36	−2.71
无锡市	2 170	4.36	−0.52	−4.45
常州市	2 742	5.51	−0.38	−2.91
杭州市	6 316	12.70	−0.28	−2.04
宁波市	5 430	10.92	−0.25	−1.76
湖州市	3 271	6.58	−0.47	−3.90
嘉兴市	5 891	11.85	−0.15	−1.03
舟山市	444	0.89	0.08	0.45
绍兴市	5 668	11.40	−0.24	−1.74
台州市	2 788	5.61	−0.52	−4.54
总计	49 723	100.00	−0.41	−3.26

2018年，长三角核心区14个城市平均农药使用量为3551吨。其中，江苏地区的泰州市和浙江地区的杭州市、宁波市、嘉兴市、绍兴市5个城市高于平均水平，其余9个城市低于平均水平，如图2-45所示。

图2-46为2002年、2010年、2018年长三角核心区14个城市农药使用量情况。图中显示，2002~2018年，除舟山市外各城市农药使用量均在减少。

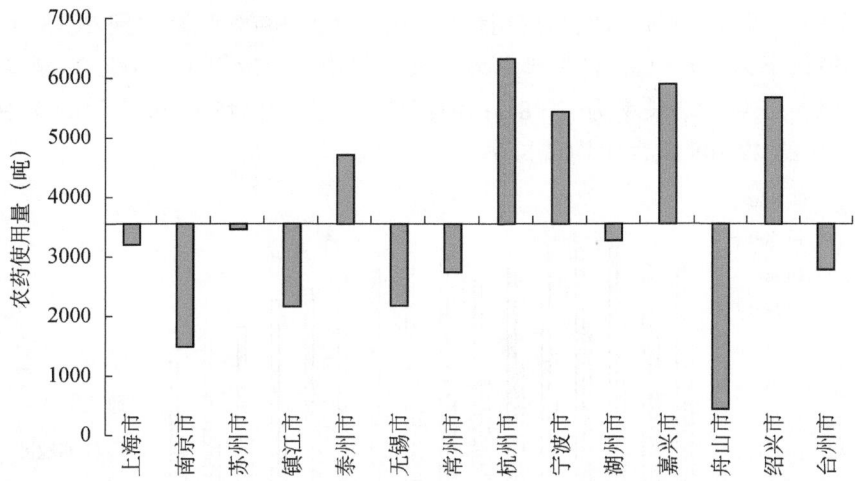

图 2-45　2018 年长三角核心区 14 个城市农药使用量与平均值比较

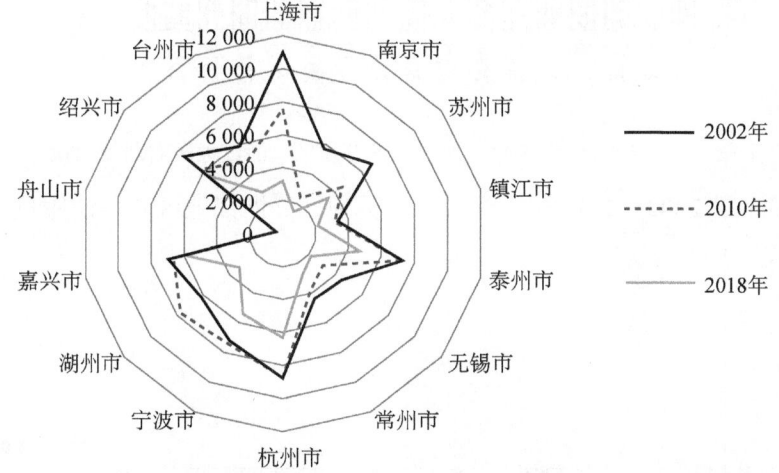

图 2-46　2002 年、2010 年、2018 年长三角核心区 14 个城市农药使用量情况
图中数字表示农药使用量，单位为吨

2.10.2　从增速看发展

长三角核心区 14 个城市农药使用量由 2002 年的 84 515 吨减少到 2018 年的 49 723 吨，年均增长率 −3.26%。

如图 2-47 所示，上海市农药使用量由 2002 年的 9600 吨减少到 2018 年的 3200 吨，年均增长率为-6.64 %；江苏地区农药使用量由 2002 年的 32 006 吨减少到 2018 年的 16 715 吨，年均增长率为-3.98%；浙江地区农药使用量由 2002 年的 42 909 吨减少到 2018 年的 29 808 吨，年均增长率为-2.25 %。

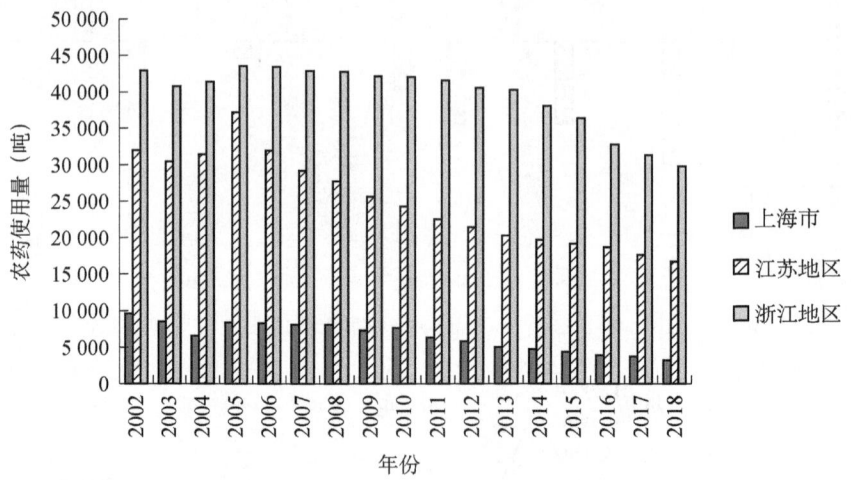

图 2-47　2002～2018 年上海市、江苏地区、浙江地区农药使用量

图 2-48 显示了 2003～2018 年上海市、江苏地区、浙江地区农药使用量增长率变

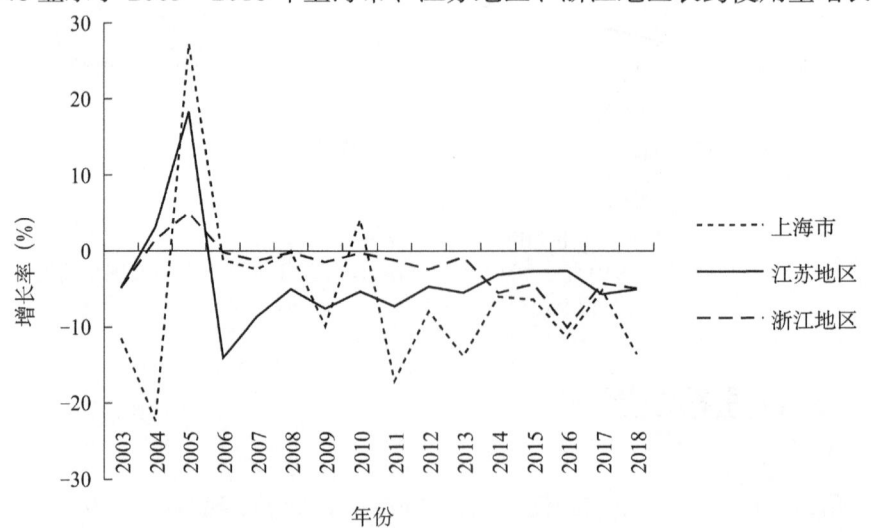

图 2-48　2003～2018 年上海市、江苏地区、浙江地区农药使用量增长率变化情况

化情况。从图中可以看出，三个地区呈现波动式下降趋势。在2007年之前波动较大，之后逐渐趋缓。

2.10.3 从结构看特征

图2-49展示了2002～2018年上海市、江苏地区、浙江地区农药使用量占长三角核心区农药使用量的比重。从图中可以看出，上海市农药使用量占长三角核心区农药使用量的比重最小，总体呈降低趋势；江苏地区农药使用量占长三角核心区农药使用量的比重居中，也呈下降趋势；浙江地区农药使用量占长三角核心区农药使用量的比重最大，总体呈上升趋势，2013～2015年占比在60%以上。

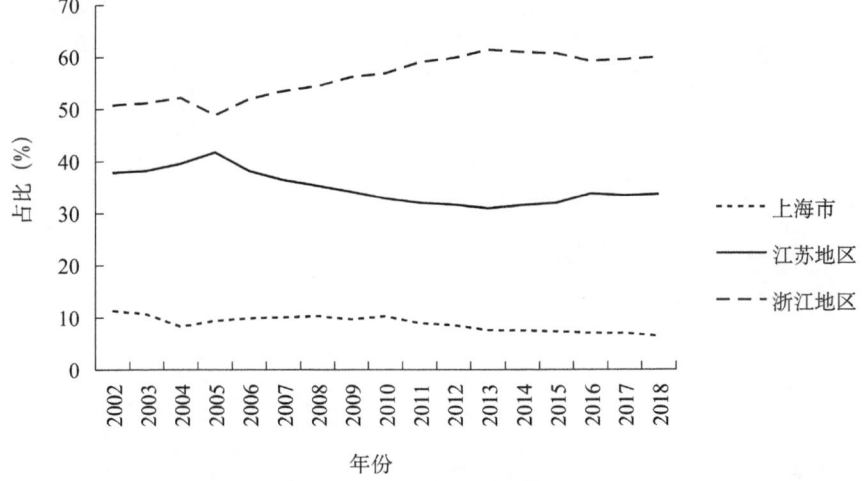

图2-49 2002～2018年上海市、江苏地区、浙江地区农药使用量占比分布

3 农业实物产出

本书选取粮食、油料和棉花三种主要农作物的产量作为长三角核心区农业实物产出的代表指标。产量指全口径粮食作物的生产量,包括国有经济、集体经济和农民家庭经营的粮食产量以及工矿企业办的农场和其他生产单位的粮食产量。粮食包括稻谷、小麦、玉米、高粱、谷子、杂粮以及薯类和豆类。

粮食生产是农业之本,粮食在农业各产业中,对国民经济总产值的贡献率较高。随着人们生活水平的提高,尽管粮食在农业以及在国内生产总值中,直接贡献率有减少趋势,但间接贡献率较高,且随着食品工业迅速增长,粮食的地位和作用还会加强。此外,粮食作为人类最基本的生存必需品,还具有无可比拟的社会政治意义。

3.1 粮食产量

表3-1为2000~2017年长三角核心区16个城市粮食产量。从表中可见,江苏地区的南通市、泰州市和扬州市粮食产量较高;浙江地区的舟山市粮食产量极低;其他城市粮食产量大部分在50万~150万吨,呈现缓慢下降的态势。

表3-1 2000~2017年长三角核心区16个城市粮食产量 (单位:万吨)

城市	2000年	2001年	2002年	2003年	2004年	2005年	2006年	2007年	2008年
上海市	174.00		130.46	98.75	106.29	105.36	111.30	109.20	115.67
南京市	143.37	124.98	110.52		102.39	96.54	105.99	100.88	114.43
苏州市	193.95	159.48	146.42	112.77	117.71	110.76	111.21	94.14	113.22
扬州市	225.16	205.88	212.87	180.13	204.97	226.43	245.08	240.63	269.42
镇江市	118.02	109.12	108.88		99.07	90.68	99.57	100.74	112.42
泰州市	270.52	254.49	247.37		258.12	267.18	282.25	272.07	300.62
无锡市	127.00	106.00	96.00	72.00	81.00	80.00	74.00	73.00	79.94
常州市	136.22	126.14	122.86	103.54	106.08	98.06	95.25	94.84	113.35
南通市	340.60	324.49	309.53	293.21	302.70	294.19	302.65	297.47	319.12
杭州市	153.08	134.78	116.58	100.27	106.8	103.50	107.07	106.93	93.84
宁波市	132.51	112.17	94.89	75.61	83.73	80.12	81.30	74.77	88.42
湖州市	95.32	80.68	82.20	79.01	87.48	82.21	91.24	86.91	92.68
嘉兴市	140.69	132.74	117.68	124.99	119.40	128.84	127.40	133.09	135.86
舟山市	8.84	7.55	6.60	5.38	5.93	5.20	5.22	4.81	5.42

续表

城市	2000年	2001年	2002年	2003年	2004年	2005年	2006年	2007年	2008年
绍兴市	144.41	113.18	100.01	83.83	95.35	96.39	103.90	109.31	113.86
台州市	138.70	116.12	92.59	75.70	85.11	82.48	89.50	84.18	93.47

城市	2009年	2010年	2011年	2012年	2013年	2014年	2015年	2016年	2017年
上海市	121.68	118.40	121.95	122.39	114.15	112.89	112.08	99.55	89.16
南京市	110.69	110.64	112.06	117.50	116.95	114.72	114.06	108.04	102.71
苏州市	112.94	114.43	115.00	116.46	113.12	110.46	108.22	96.35	92.40
扬州市	282.36	287.09	305.68	308.35	312.19	314.10	314.41	300.30	285.42
镇江市	117.87	119.56	121.89	125.66	125.79	126.02	125.15	118.74	114.00
泰州市	310.22	314.40	321.26	323.77	326.68	328.53	329.35	313.03	306.68
无锡市	80.51	80.44	82.22	81.65	79.64	77.20	72.28	59.16	55.15
常州市	114.18	115.16	115.19	114.80	113.71	112.16	108.31	93.74	81.36
南通市	320.62	324.94	329.12	332.97	333.46	334.02	337.15	325.20	323.96
杭州市	90.84	100.25	97.81	96.88	95.92	62.54	63.38	99.59	76.53
宁波市	86.32	87.13	90.14	86.57	81.25	74.15	79.05	98.27	77.67
湖州市	91.42	90.20	90.29	89.94	90.55	73.75	66.95	62.97	48.50
嘉兴市	134.44	135.38	138.43	138.83	122.34	122.14	116.97	116.97	122.91
舟山市	5.93	5.24	5.06	5.22	5.14	4.42	3.20	2.54	2.55
绍兴市	118.37	116.32	118.31	120.06	120.68	97.76	95.02	95.50	95.86
台州市	84.60	82.75	78.93	79.20	79.91	60.21	60.75	63.07	63.75

注：上海市2001年，南京市、镇江市、泰州市2003年数据未收集到，故空缺

3.1.1 从数字看形势

2017年，长三角核心区16个城市粮食产量为1938.61万吨，比2000年（2542.39万吨）减少了23.75%。其中，上海市粮食产量为89.16万吨，占比为4.60%；江苏地区粮食产量为1361.68万吨，占比为70.24%；浙江地区粮食产量为487.77万吨，占比为25.16%。16个城市中，南通市以323.96万吨列第一位，舟山市以2.55万吨列最后一位（表3-2）。

表 3-2 2017 年长三角核心区 16 个城市粮食产量及增长情况

城市	粮食产量		2017年比2000年增长倍数（倍）	2000~2017年年均增长率（%）
	总量（万吨）	占比（%）		
上海市	89.16	4.60	−0.49	−3.86
南京市	102.71	5.30	−0.28	−1.94
苏州市	92.40	4.77	−0.52	−4.27
扬州市	285.42	14.72	0.27	1.40
镇江市	114.00	5.88	−0.03	−0.20
泰州市	306.68	15.82	0.13	0.74
无锡市	55.15	2.84	−0.57	−4.79
常州市	81.36	4.20	−0.40	−2.99
南通市	323.96	16.71	−0.05	−0.29
杭州市	76.53	3.95	−0.50	−4.00
宁波市	77.67	4.01	−0.41	−3.09
湖州市	48.50	2.50	−0.49	−3.90
嘉兴市	122.91	6.34	−0.13	−0.79
舟山市	2.55	0.13	−0.71	−7.05
绍兴市	95.86	4.94	−0.34	−2.38
台州市	63.75	3.29	−0.54	−4.47
总计	1938.61	100.00	−0.24	−1.58

2017 年，长三角核心区 16 个城市平均粮食产量为 121.16 万吨。其中，江苏地区的扬州市、泰州市、南通市和浙江地区的嘉兴市 4 个城市高于平均水平，其余 12 个城市低于平均水平，如图 3-1 所示。高于平均水平的 4 个城市的粮食产量为 1038.97 万吨，占长三角核心区粮食总产量的 53.59%。

图 3-2 显示了 2000 年、2010 年、2017 年长三角核心区 16 个城市粮食产量情况。图中显示，2000~2010 年江苏地区的扬州市和泰州市粮食产量明显增长，镇江市粮食产量轻微增长，其他城市粮食产量下降；2010~2017 年所有城市粮食产量都出现下降。总体来看，江苏地区的扬州市、泰州市和南通市虽然粮食产量有所下降，但仍保持高位水平。

3 农业实物产出

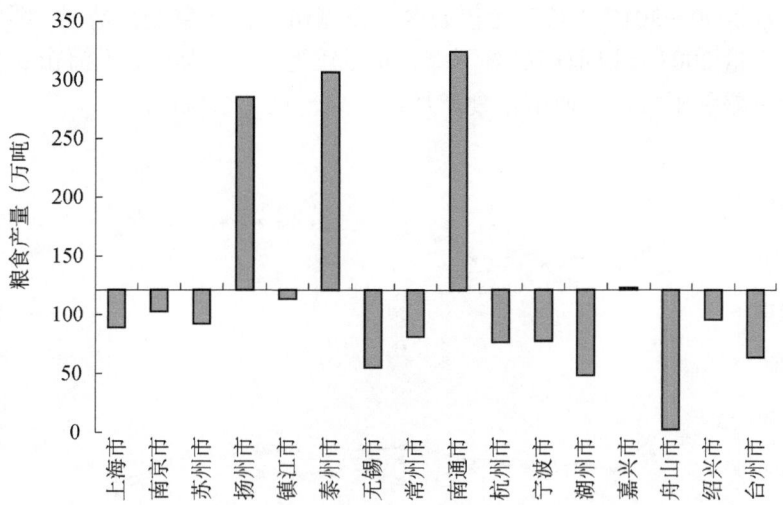

图 3-1　2017 年长三角核心区 16 个城市粮食产量与平均值比较

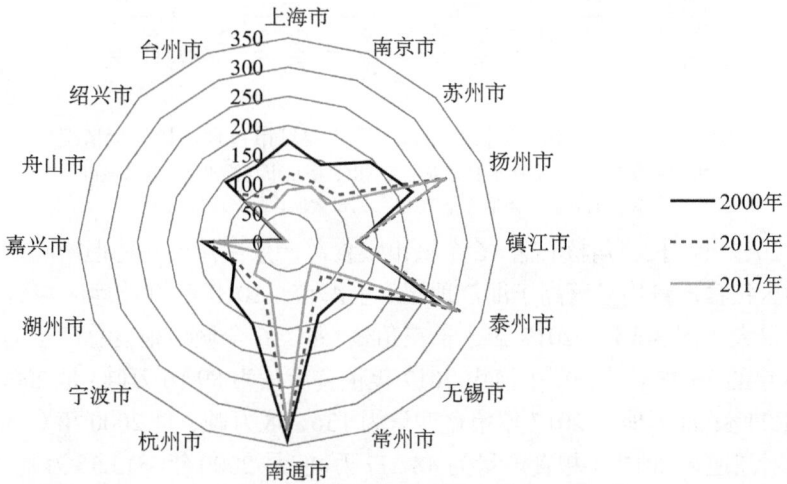

图 3-2　2000 年、2010 年和 2017 年长三角核心区 16 个城市粮食产量情况
　　　　图中数字表示粮食产量，单位为万吨

3.1.2 从增速看发展

图3-3为2000~2017年长三角核心区主要城市粮食产量变化情况。图中显示,主要城市粮食产量2003年以前都显著下降,此后较为平稳。其中,上海市、南京市和杭州市粮食产量差别不大,南通市粮食产量显著高于这3个城市。

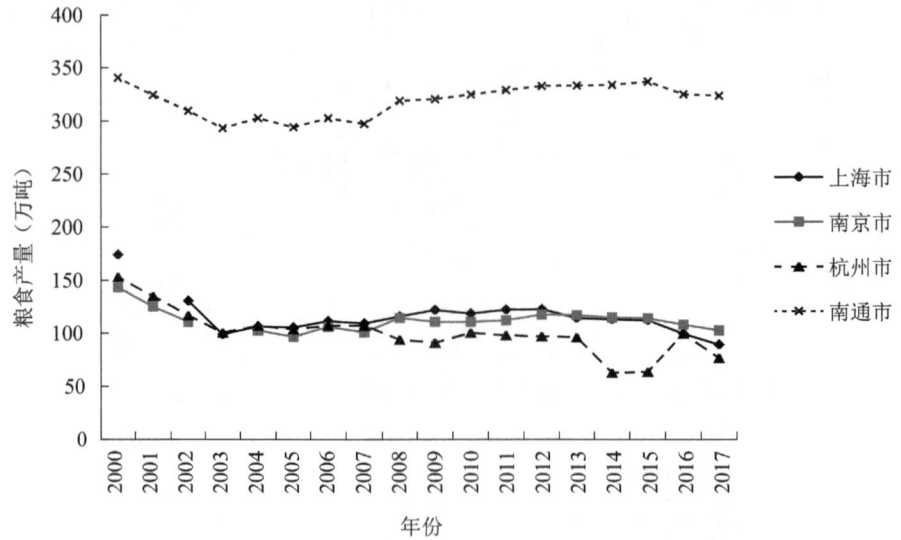

图 3-3　2000~2017年长三角核心区主要城市粮食产量变化情况
图中主要城市选择标准在于上海市为直辖市、南京市与杭州市为省会城市,需包含在内,南通市是2017年的最大值,具有比较意义

2000~2017年,长三角核心区16个城市粮食总产量保持着平稳但略减产的趋势。各年份江苏地区粮食产量均显著高于浙江地区和上海市,2015年江苏地区与浙江地区的差距达到历年最大(图3-4)。2017年,长三角核心区16个城市粮食总产量为1938.61万吨,是2000年的76.25%。其中,上海市2017年粮食产量为89.16万吨,是2000年(174.00万吨)的51.24%;江苏地区2017年粮食产量为1361.68万吨,是2000年(1554.84万吨)的87.58%;浙江地区2017年粮食产量为487.77万吨,是2000年(813.55万吨)的59.96%。

3.1.3 从结构看特征

2000~2017年,上海市粮食产量占长三角核心区粮食产量的比重在波动中下降,由 6.84%下降到不足 5%；浙江地区粮食产量占比则从 2000 年的 32.00%波动下降到 2015 年的 23.04%，2017 年回升至 25.16%；江苏地区粮食产量占比在波动中上升，至 2015 年达到 71.64%，2017 年回落到 70.24%，如图 3-5 所示。

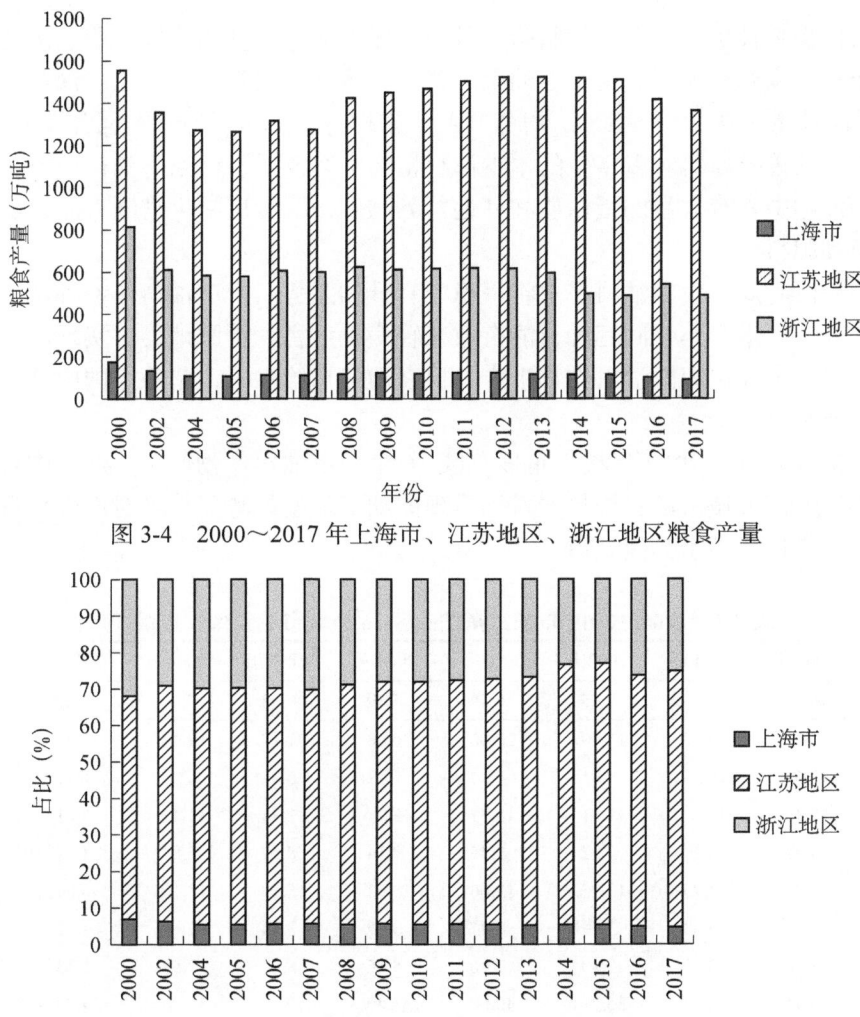

图 3-4　2000~2017 年上海市、江苏地区、浙江地区粮食产量

图 3-5　2000~2017 年上海市、江苏地区、浙江地区粮食产量占比分布

3.2 油料作物产量

油料作物是种子中含有大量脂肪，可用来提取油脂供食用或作工业、医药原料等的一类作物，主要有大豆、花生、油菜、芝麻、蓖麻、向日葵、苏子、油莎豆等。其中，种子含油量可达20%～60%。纤维作物，如棉花、亚麻等种子中也含有大量油分，是油脂工业的重要原料。多年生的木本油料植物中有椰子、油茶、油棕、核桃等。榨油所剩的油粕中含有大量的蛋白质和其他营养物质，既可用来生产副食品，也是良好的精饲料和肥料。

未来一段时期，我国油料需求将呈稳中有升的态势。推广油料作物种植，油菜、大豆与小麦、玉米等作物间套种，能有效减轻病虫危害，增肥地力，实现增产增收。同时，能进一步加快国内油料作物生产，提高油料自给水平，是稳定国内食用植物油供给的重要举措。

表3-3为2000～2017年长三角核心区16个城市油料作物产量。从表中可见，长三角核心区大部分城市油料作物产量均呈现波动下降的趋势。从绝对产量来看，南通市油料作物产量远高于其他城市。

表3-3　2000～2017年长三角核心区16个城市油料作物产量（单位：万吨）

城市	2000年	2001年	2002年	2003年	2004年	2005年	2006年	2007年	2008年
上海市	16.37		9.85	6.39	7.39	6.94	5.31	3.62	3.60
南京市	22.01	23.57	21.49	20.05	20.98	21.17	19.22	12.45	13.34
苏州市	12.61	10.25	7.81	6.24	6.92	6.96	6.36	6.41	4.26
扬州市	12.46	14.00	11.71	12.57	13.71	12.28	11.47	7.61	7.95
镇江市	8.72	8.50	7.92	7.45	9.14	8.57	6.88	5.79	6.69
泰州市	11.23	13.75	12.25	13.66	15.93	15.19	13.76	10.09	11.94
无锡市	5.91	5.33	3.79	2.47	3.67	3.44	2.68	1.77	1.70
常州市	9.16	8.70	7.30	7.26	8.55	8.60	7.69	5.13	5.26
南通市	39.41	36.13	35.71	40.60	43.40	40.67	37.06	34.70	38.07
杭州市	8.57	8.45	6.93	6.81	7.29	7.87	7.52	7.83	8.75
宁波市	6.59	5.59		4.21	4.04	4.01	3.89	3.52	3.55
湖州市	11.71	10.91	8.13	7.91	9.27	9.14	8.49	7.65	7.26
嘉兴市	16.41	16.58	12.93	10.93	14.09	13.97	11.94	9.56	9.11
舟山市	0.54	0.48	0.36	0.41	0.37	0.38	0.36	0.34	0.29

续表

城市	2000年	2001年	2002年	2003年	2004年	2005年	2006年	2007年	2008年
绍兴市					3.74	4.20	4.42	4.71	5.05
台州市	0.56	0.63	0.64	0.72	0.78	0.83	0.86	0.90	1.53

城市	2009年	2010年	2011年	2012年	2013年	2014年	2015年	2016年	2017年
上海市	3.39	2.29	1.86	1.73	1.50	1.28	1.18	0.90	0.64
南京市	13.41	11.77	10.49	10.63	10.79	11.47	10.84	7.43	6.27
苏州市	4.66	3.45	2.89	2.59	2.42	2.04	1.57	1.34	1.18
扬州市	8.29	8.01	7.03	7.41	7.57	7.39	7.17	6.87	6.53
镇江市	6.31	5.85	4.37	5.66	5.80	5.93	5.81	5.83	5.37
泰州市	11.73	11.66	10.72	11.63	12.29	12.55	13.28	12.20	12.57
无锡市	1.84	1.16	0.93	0.87	0.90	0.94	0.86	0.81	0.79
常州市	5.16	4.00	3.20	3.77	4.26	4.17	3.60	3.41	3.07
南通市	42.55	42.21	40.00	39.20	40.84	39.06	38.66	35.82	35.23
杭州市	9.01	8.66	9.02	8.66	9.02	6.72	7.83	5.35	5.73
宁波市	4.33	4.10	3.78	3.58	3.58	3.17	3.39	3.03	2.82
湖州市	7.18	6.13	5.79	4.77	4.49	2.93	2.50	1.89	1.97
嘉兴市	8.29	7.39	6.46	5.53	4.90	4.14	3.92	2.66	1.99
舟山市	0.30	0.22	0.21	0.20	0.18	0.08	0.26	0.13	0.14
绍兴市	5.58	5.28	5.61	5.42	5.52	3.33	4.35	4.55	4.44
台州市	1.83	1.81	1.74	1.93	1.92	1.55	1.57	1.44	1.41

注：上海市2001年，宁波市2002年，绍兴市2000~2003年数据未收集到，故空缺

3.2.1 从数字看形势

2017年，长三角核心区油料作物产量为90.15万吨，2000年以来产量显著下降。其中，上海市油料作物产量为0.64万吨，占比为0.71%；江苏地区油料作物产量为71.01万吨，占比为78.77%；浙江地区油料作物产量为18.50万吨，占比为20.52%，见表3-4。16个城市中，南通市以35.23万吨位列第一，占比达39.08%；舟山市以0.14万吨列最后一位，占比仅0.16%。从年均增长率来看，2000~2017年除泰州市和台州市小幅增长外，其他城市油料作物产量均处于下降态势，上海市减少最快，年均增长率达-17.36%。

表3-4 2017年长三角核心区15个城市油料作物产量及增长情况

城市	油料作物产量		2017年比2000年增长倍数（倍）	2000～2017年年均增长率（%）
	总量（万吨）	占比（%）		
上海市	0.64	0.71	-0.96	-17.36
南京市	6.27	6.96	-0.72	-7.12
苏州市	1.18	1.31	-0.91	-13.01
扬州市	6.53	7.24	-0.48	-3.73
镇江市	5.37	5.96	-0.38	-2.81
泰州市	12.57	13.95	0.12	0.67
无锡市	0.79	0.88	-0.87	-11.16
常州市	3.07	3.41	-0.66	-6.23
南通市	35.23	39.08	-0.11	-0.66
杭州市	5.73	6.36	-0.33	-2.34
宁波市	2.82	3.13	-0.57	-4.87
湖州市	1.97	2.19	-0.83	-9.95
嘉兴市	1.99	2.21	-0.88	-11.67
舟山市	0.14	0.16	-0.74	-7.63
绍兴市	4.44	4.93		
台州市	1.41	1.56	1.52	5.58
总计	90.15	100.00		

注：绍兴市2000年数据缺失

2017年，长三角核心区16个城市平均油料作物产量为5.63万吨。其中，江苏地区的南京市、扬州市、泰州市、南通市和浙江地区的杭州市5个城市高于平均水平，其余11个城市低于平均水平，如图3-6所示。高于平均水平的5个城市的油料作物产量为66.33万吨，占长三角核心区油料作物总产量的73.58%。

图3-7为2000年、2010年、2017年长三角核心区15个城市（南通市产量远高于其他城市，未计入）油料作物产量情况。图中显示，长三角核心区各城市除泰州市和台州市外，其他城市油料作物产量持续萎缩，尤其是2000～2010年出现大幅下滑，2010～2017年下降幅度变小。

3 农业实物产出

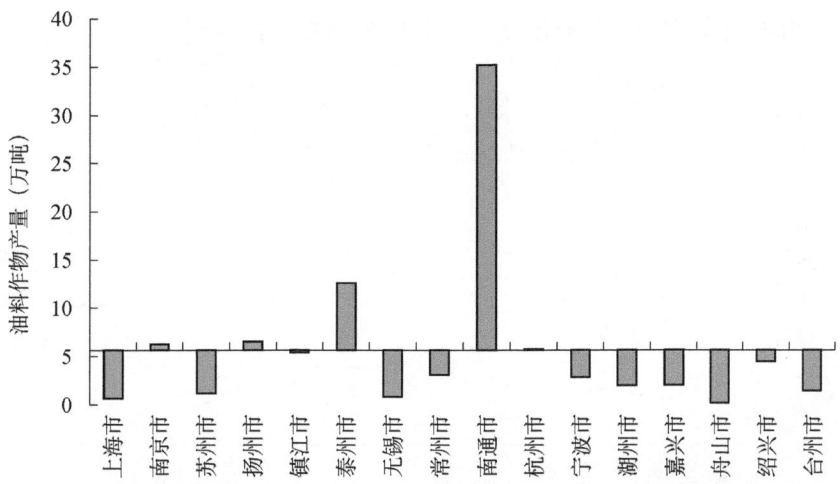

图 3-6 2017 年长三角核心区 16 个城市油料作物产量与平均值比较

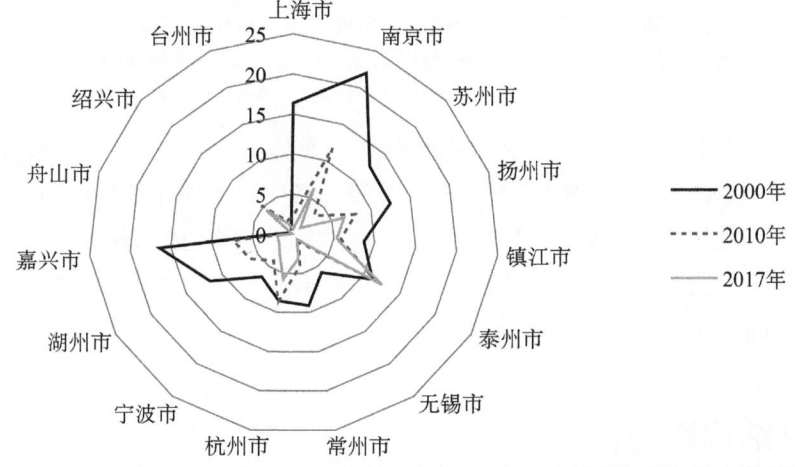

图 3-7 2000 年、2010 年、2017 年长三角核心区 15 个城市油料作物产量情况
图中数字表示油料作物产量,单位为万吨

3.2.2 从增速看发展

图 3-8 为 2000～2017 年长三角核心区主要城市油料作物产量变化情况。图中显示,上海市和南京市油料作物产量波动式下降;杭州市油料作物产量小幅波动,较为

103

平稳；南通市油料作物产量虽有波动，但总体保持在较高水平。

图 3-8 2000～2017 年长三角核心区主要城市油料作物产量变化情况
图中主要城市选择标准在于上海市为直辖市、南京市与杭州市为省会城市，
需包含在内，南通市是 2017 年的最大值，具有比较意义

2004～2017 年，长三角核心区油料作物产量总体处于波动下降状态，由 2004 年的 169.27 万吨波动下降到 2017 年的 90.15 万吨。其中，上海市 2004 年产量达到最高（7.39 万吨），此后逐年下降，2017 年仅 0.64 万吨；江苏地区 2004 年产量达到最高（122.30 万吨），此后逐年下降，2017 年仅 71.01 万吨；浙江地区 2017 年产量缩减到不足 2004 年的一半，如图 3-9 所示。

3.2.3 从结构看特征

2004～2017 年，上海市油料作物产量占长三角核心区油料作物产量的比重不断下降，由 4.37% 下降到不足 1%；浙江地区油料作物产量占比经历了短暂的上涨之后波动下滑，2017 年仅 20.52%；江苏地区油料作物产量占比只有少数年份在 70% 以下，2017 年上涨至 78.77%，如图 3-10 所示。

3 农业实物产出

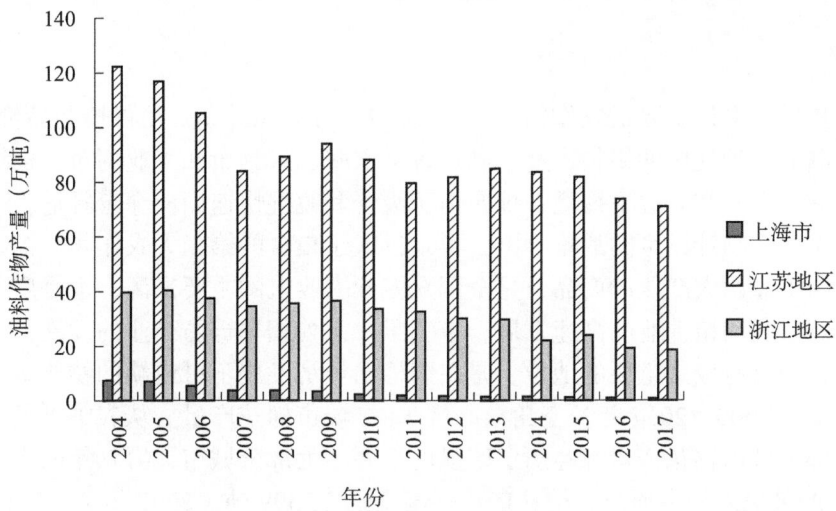

图 3-9　2004~2017 年上海市、江苏地区、浙江地区油料作物产量

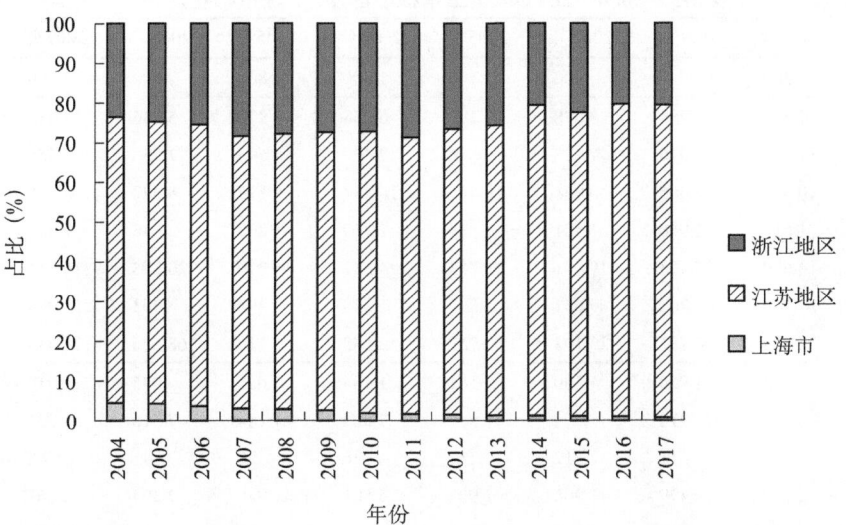

图 3-10　2004~2017 年上海市、江苏地区、浙江地区油料作物产量占比分布

3.3 棉花产量

棉花是世界上最主要的农作物之一,产量大、生产成本低,使得棉制品价格较低。棉纤维能制成多种规格的织物,适于制作各类衣服、家具布和工业用布。棉织物坚牢耐磨,能够洗涤和在高温下熨烫,棉布由于吸湿和脱湿快速而使穿着舒适。

棉花是关系国计民生的战略物资,也是仅次于粮食的第二大农作物。棉花是涉及农业和纺织工业两大产业的商品,是全国众多棉农收入的主要来源,也是广大人民的生活必需品。我国植棉业的高速发展,带动了一系列相关棉纺产业的发展。棉花在我国经济作物中具有极其重要的地位,是我国棉纺经济发展不可或缺的物质基础。

表 3-5 为 2000~2017 年长三角核心区 14 个城市棉花产量。从表中可见,长三角核心区大部分城市棉花产量都经历了明显的下降,大部分城市 2017 年的产量已不足 1500 吨。产量最高的南通市,棉花产量一度高达 78 399 吨(2007 年),2012 年以后产量出现断崖式下降。

表 3-5 2000~2017 年长三角核心区 14 个城市棉花产量 (单位:吨)

城市	2000年	2001年	2002年	2003年	2004年	2005年	2006年	2007年	2008年
上海市	1 200		900	1 100	1 800	1 800	2 000	2 500	3 200
南京市	4 461	5 984	5 078	5 190	6 058	5 920	5 536	2 325	4 327
苏州市	11 722	12 976	7 527	6 816	7 450	4 605	3 757	2 459	2 525
扬州市	10 376	16 065	10 958	10 495	10 444	6 897	8 372	6 225	6 024
镇江市	1 613	1 948	1 501	1 524	1 759	1 833	2 046	2 358	1 725
泰州市	14 689	25 573	19 101	15 753	24 531	16 979	20 893	16 351	21 184
常州市	764	708	637	305	368	298	303	283	484
南通市	32 494	44 782	33 103	40 759	52 685	51 115	68 626	78 399	67 562
杭州市	2 112	1 960	1 280	1 181	1 184	1 038	935	912	957
宁波市	10 450	11 778		7 567	7 384	7 184	7 316	6 931	7 492
湖州市			11	12	17	26	28	41	88	200
嘉兴市	2 259	2 479	1 906	1 924	2 501	1 940	2 307	2 861	3 593
舟山市	279	397	195	121	127	78	84	81	75
绍兴市						3 448	3 574	3 376	2 915
城市	2009年	2010年	2011年	2012年	2013年	2014年	2015年	2016年	2017年
上海市	2 600	3 500	4 800	3 800	3 700	1 200	400	300	200

续表

城市	2009年	2010年	2011年	2012年	2013年	2014年	2015年	2016年	2017年
南京市	4 016	4 135	4 319	4 113	4 217	4 175	3 837	3 071	2 591
苏州市	2 135	1 685	1 508	1 292	1 038	882	666	500	377
扬州市	4 488	5 378	4 523	4 695	4 637	2 482	1 066	1 144	369
镇江市	1 539	1 508	1 503	1 871	1 120	1 077	1 085	910	788
泰州市	16 043	17 362	14 884	15 480	14 047	11 116	4 996	1 770	1 064
常州市	454	506	491	493	462	433	419	371	344
南通市	53 091	59 505	54 395	55 275	50 657	43 644	36 471	23 797	13 870
杭州市	959	704	828	577	509	426	378	300	255
宁波市	7 495	7 700	8 179	7 133	6 072	5 211	4 419	3 885	1 466
湖州市	265	248	230	227	244	270	307	322	278
嘉兴市	3 386	3 014	3 012	2 817	2 800	2 638	1 135	1 774	1 373
舟山市	71	45	56	119	89	68	50	53	8
绍兴市	2 496	2 545	2 839	2 517	2 551	1 731	1 905	1 107	910

注：上海市2001年，宁波市2002年，湖州市2000年，绍兴市2000~2004年数据未收集到，故空缺

3.3.1 从数字看形势

2017年，长三角核心区棉花产量为23 893吨，2000年以来显著减少。其中，上海市棉花产量为200吨，占比为0.84%；江苏地区棉花产量为19 403吨，占比为81.21%；浙江地区棉花产量为4290吨，占比为17.96 %，见表3-6。14个城市中，南通市以13 870吨列第一位，舟山市以8吨列最后一位。从年均增长率来看，各城市棉花产量下降幅度都较大，上海市、苏州市、扬州市、泰州市、杭州市、宁波市、舟山市年均降幅均超过10%。

表3-6　2017年长三角核心区14个城市棉花产量及增长情况

城市	棉花产量		2017年比2000年增长倍数（倍）	2000~2017年年均增长率（%）
	总量（吨）	占比（%）		
上海市	200	0.84	−0.83	−10.00
南京市	2 591	10.84	−0.42	−3.15
苏州市	377	1.58	−0.97	−18.30
扬州市	369	1.54	−0.96	−17.82

续表

城市	棉花产量		2017年比2000年增长倍数（倍）	2000～2017年年均增长率（%）
	总量（吨）	占比（%）		
镇江市	788	3.30	−0.51	−4.13
泰州市	1 064	4.45	−0.93	−14.31
常州市	344	1.44	−0.55	−4.59
南通市	13 870	58.05	−0.57	−4.88
杭州市	255	1.07	−0.88	−11.69
宁波市	1 466	6.14	−0.86	−10.91
湖州市	278	1.16		
嘉兴市	1 373	5.75	−0.39	−2.89
舟山市	8	0.03	−0.97	−18.85
绍兴市	910	3.81		
总计	23 893	100.00		

注：湖州市和绍兴市2000年数据缺失

2017年，长三角核心区14个城市平均棉花产量为1706.64吨。其中，江苏地区的南京市和南通市2个城市高于平均水平，其余12个城市低于平均水平，如图3-11所示。高于平均水平的2个城市的棉花产量为16 461吨，占长三角核心区14个城市棉花总产量的68.89%。

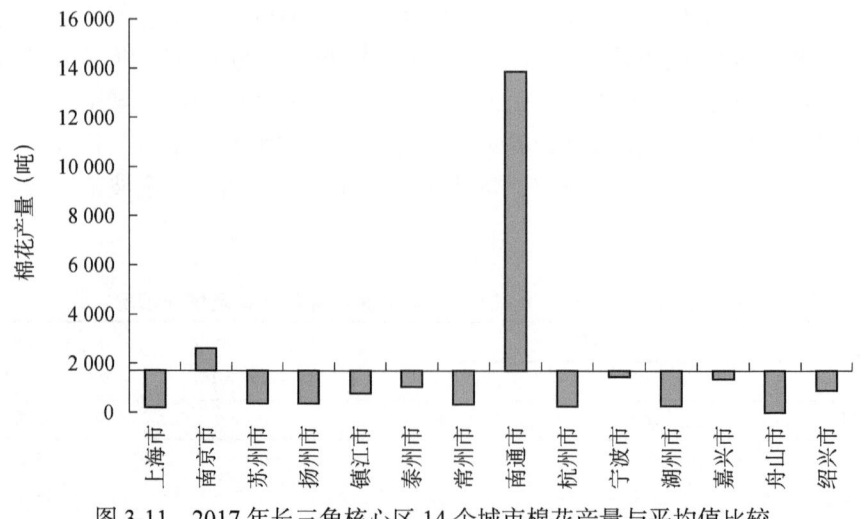

图3-11　2017年长三角核心区14个城市棉花产量与平均值比较

图 3-12 为 2000 年、2010 年、2017 年长三角核心区 12 个城市（南通市和泰州市产量远高于其他城市，未计入）棉花产量情况。图中显示，2000~2010 年少数城市如上海市和嘉兴市棉花产量有所增长，大部分城市棉花产量下降；2010~2017 年，除湖州市外其他城市棉花产量均有明显下降。

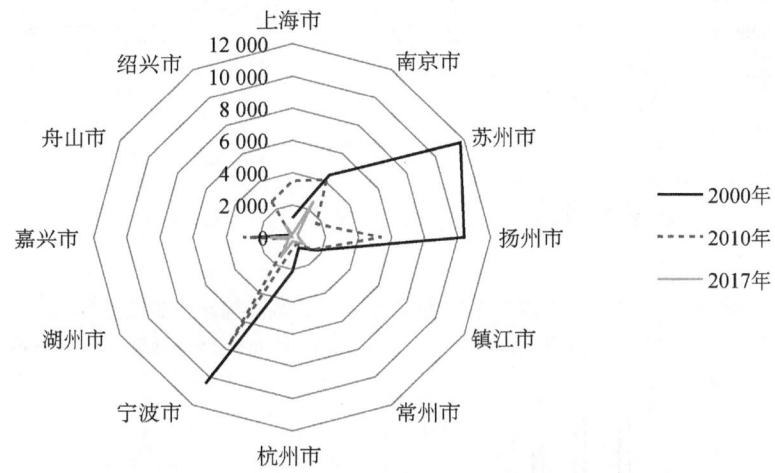

图 3-12　2000 年、2010 年、2017 年长三角核心区 12 个城市棉花产量情况

图中数字表示棉花产量，单位为吨

3.3.2　从增速看发展

图 3-13 为 2000~2017 年长三角核心区主要城市棉花产量变化情况。图中显示，上海市棉花产量自 2002 年以后持续增加，2011 年达到最大值，此后显著下降；南京市棉花产量波动式下降，但始终保持在较高水平；杭州市棉花产量一直较低，且平稳下降，至 2017 年已降至 255 吨。

2005~2017 年，长三角核心区 14 个城市棉花产量总体处于波动下降状态，由 2005 年的 103 163 吨增长到 2006 年的 125 790 吨，此后下降至 2017 年的 23 893 吨。其中，上海市 2005~2011 年处于增长状态，高峰产量达到 4800 吨，但 2012 年以后逐年下降，2017 年只有 200 吨；江苏地区 2006 年棉花产量达到峰值，为 109 533 吨，此后下降至 2017 年的 19 403 吨；浙江地区棉花产量总体呈现先上升后下降的态势，最高产量为 2008 年的 15 232 吨，此后波动下降至 2017 年的 4290 吨，如图 3-14 所示。

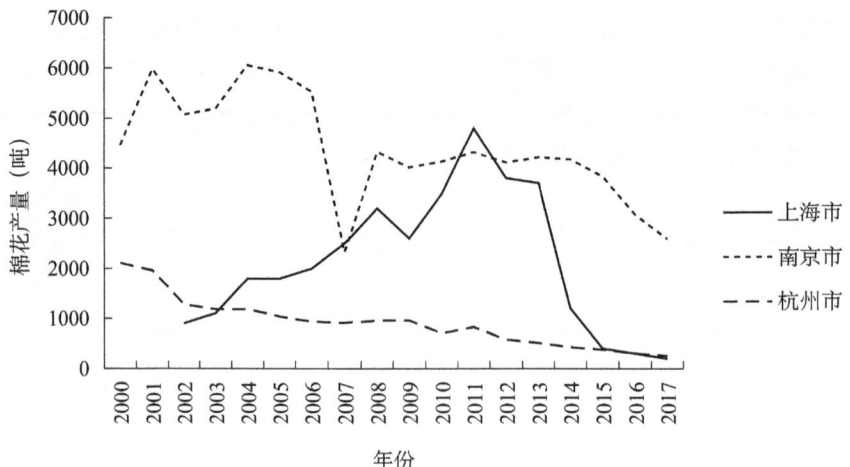

图 3-13 2000～2017 年长三角核心区主要城市棉花产量变化情况

图中主要城市选择标准在于上海市为直辖市、南京市与杭州市为省会城市,需包含在内

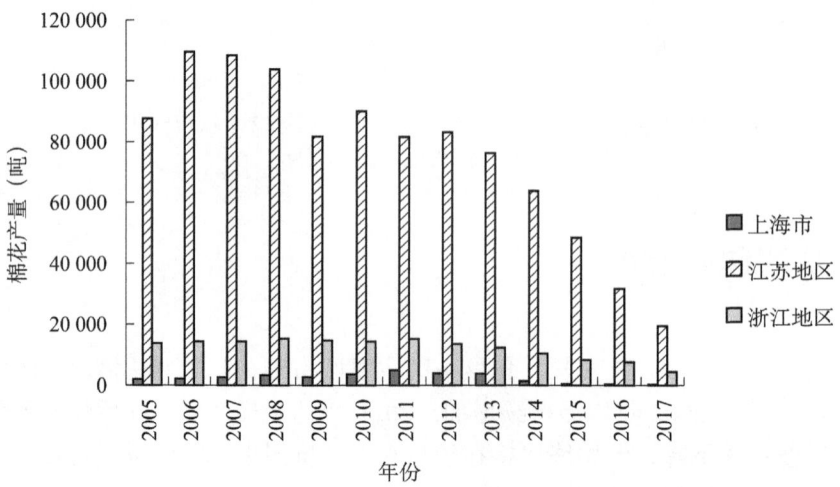

图 3-14 2005～2017 年上海市、江苏地区、浙江地区棉花产量

3.3.3 从结构看特征

2005～2011 年,上海市棉花产量占长三角核心区棉花产量的比重波动式上升,占比达到 4.73%;2011～2017 年,上海市占比显著下降至 0.84%;江苏地区棉花产量

占比始终保持在 80%~88%；浙江地区棉花产量占比保持在 11%~19%，如图 3-15 所示。

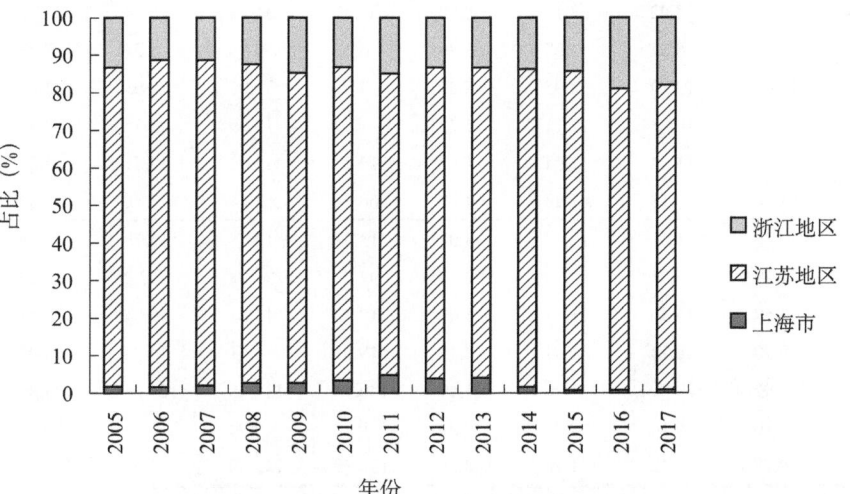

图 3-15　2005~2017 年上海市、江苏地区、浙江地区棉花产量占比分布

3.4　水产品产量

水产品是海洋和淡水渔业生产的水产动植物产品及其加工产品的总称。全面分析和准确评估水产品市场，对渔业生产和渔业经济的发展有着重要作用，可以促进农业产业结构调整和农渔民增收。

表 3-7 为 2000~2018 年长三角核心区 16 个城市水产品产量。从表中可见，浙江地区的舟山市和台州市水产品产量高于其他城市；江苏地区的镇江市和浙江地区的绍兴市水产品产量极低。

表 3-7　2000~2018 年长三角核心区 16 个城市水产品产量（单位：万吨）

城市	2000年	2001年	2002年	2003年	2004年	2005年	2006年	2007年	2008年
上海市	28.87	29.77	32.69	35.48	34.41	35.35	38.75	37.02	32.34
南京市	12.93	14.19	15.22	16.20	17.41	18.04	19.04	18.79	20.14
苏州市	34.51	35.43	35.72	33.87	31.19	31.65	29.99	29.28	29.06

续表

城市	2000年	2001年	2002年	2003年	2004年	2005年	2006年	2007年	2008年
扬州市		25.92	28.13	28.85	33.37	35.64	36.74	35.21	36.12
镇江市	6.00	6.65	6.85	6.96	6.93	7.38	7.55	7.77	8.23
泰州市	17.64	18.29	18.95	18.84	20.2	21.05	22.03	22.26	24.07
无锡市	10.25	10.73	11.11	11.22	11.39	12.09	12.75	12.61	12.42
常州市	11.12	11.54	12.04	12.47	12.73	13.02	13.51	14.20	13.91
南通市	58.56	60.18	61.48	63.00	66.76	69.16	72.28	75.80	76.02
杭州市	9.84	11.51	12.06	13.02	13.97	14.78	15.73	17.59	18.21
宁波市	81.61	85.21	88.72	90.33	92.71	91.72	93.2	94.49	93.87
湖州市	13.57	14.40	15.19	16.69	17.30	17.84	19.04	21.27	22.76
嘉兴市	9.70	10.74	11.97	13.17	19.92	14.51	14.94	16.00	16.56
舟山市	134.92	129.39	121.90	124.49	130.42	124.08	125.26	123.83	125.52
绍兴市	7.40	9.14	9.95	10.24	9.18	9.90	10.07	10.35	9.06
台州市	139.28	138.42	141.10	138.26	138.39	135.00	135.51	137.56	138.73

城市	2009年	2010年	2011年	2012年	2013年	2014年	2015年	2016年	2017年	2018年
上海市	33.86	28.97	28.37	27.21	27.13	30.90	29.16	26.08	29.54	30.85
南京市	20.27	20.42	20.62	20.75	22.17	22.88	22.87	22.31	21.05	16.60
苏州市	27.35	27.70	28.41	28.84	27.70	26.70	26.21	25.49	23.41	19.56
扬州市	37.01	37.73	38.35	39.20	39.37	39.65	39.85	40.12	40.47	39.61
镇江市	8.47	8.56	8.82	8.92	9.27	9.49	9.77	9.85	9.53	9.57
泰州市	28.63	32.58	34.45	35.91	37.3	38.38	39.26	39.64	39.95	38.92
无锡市	12.17	12.10	12.20	12.61	12.68	13.00	12.53	12.24	13.10	12.23
常州市	14.78	14.79	16.44	18.12	18.53	18.68	17.79	16.64	15.05	13.30
南通市	76.00	78.92	82.09	84.78	86.71	88.21	90.00	89.03	86.56	82.90
杭州市	20.28	20.89	21.23	21.05	19.80	27.40	25.86	24.70	20.73	20.56
宁波市	93.95	97.78	98.93	99.15	98.97	101.06	103.34	105.12	100.03	96.79
湖州市	23.90	24.97	26.60	28.35	29.20	30.58	36.06	38.31	42.31	46.48
嘉兴市	17.54	18.13	18.06	18.76	18.00	16.35	15.06	15.16	15.67	15.76
舟山市	123.78	131.12	141.95	148.30	154.96	166.94	176.46	190.25	167.25	173.63
绍兴市	8.93	9.39	9.35	9.66	9.95	10.30	10.65	10.98	11.25	11.58
台州市	134.05	140.38	141.31	141.79	143.37	148.39	156.90	165.39	157.87	152.52

注：扬州市2000年数据未收集到，故空缺

3.4.1 从数字看形势

2018年，长三角核心区16个城市水产品产量为780.86万吨，比2001年（611.51万吨）增加了27.69%。其中，上海市水产品产量为30.85万吨，占比为3.95%；江苏地区水产品产量为232.69万吨，占比为29.80%；浙江地区水产品产量为517.32万吨，占比为66.25%。16个城市中，舟山市以173.63万吨列第一位，镇江市以9.57万吨列最后一位（表3-8）。

表3-8　2018年长三角核心区16个城市水产品产量及增长情况

城市	水产品产量		2018年比2000年增长倍数（倍）	2000～2018年年均增长率（%）
	总量（万吨）	占比（%）		
上海市	30.85	3.95	0.07	0.37
南京市	16.60	2.13	0.28	1.40
苏州市	19.56	2.50	−0.43	−3.10
扬州市	39.61	5.07		
镇江市	9.57	1.23	0.60	2.63
泰州市	38.92	4.98	1.21	4.49
无锡市	12.23	1.57	0.19	0.99
常州市	13.30	1.70	0.20	1.00
南通市	82.90	10.62	0.42	1.95
杭州市	20.56	2.63	1.09	4.18
宁波市	96.79	12.40	0.19	0.95
湖州市	46.48	5.95	2.43	7.08
嘉兴市	15.76	2.02	0.62	2.73
舟山市	173.63	22.24	0.29	1.41
绍兴市	11.58	1.48	0.56	2.52
台州市	152.52	19.53	0.10	0.51
总计	780.86	100.00		

注：扬州市2000年数据缺失

2018年，长三角核心区16个城市平均水产品产量为48.80万吨。其中，江苏地区的南通市和浙江地区的宁波市、舟山市、台州市4个城市高于平均水平，其余12个城市低于平均水平，如图3-16所示。高于平均水平的4个城市的水产品产量为505.84万吨，占长三角核心区水产品总产量的64.78%。

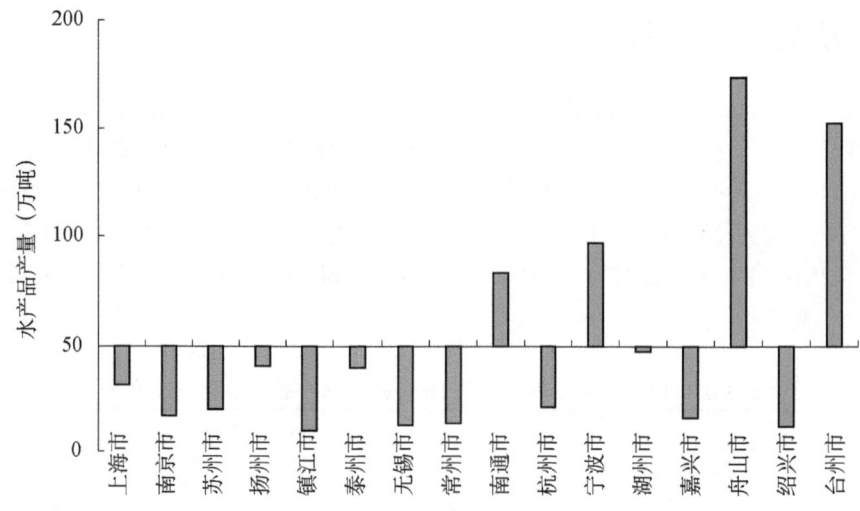

图 3-16　2018 年长三角核心区 16 个城市水产品产量与平均值比较

图 3-17 显示了 2001 年、2010 年、2018 年长三角核心区 16 个城市水产品产量情况。图中显示，2001～2010 年江苏地区的泰州市和浙江地区的杭州市、湖州市、嘉兴市水产品产量明显增长，上海市和江苏地区的苏州市水产品产量下降，其余城

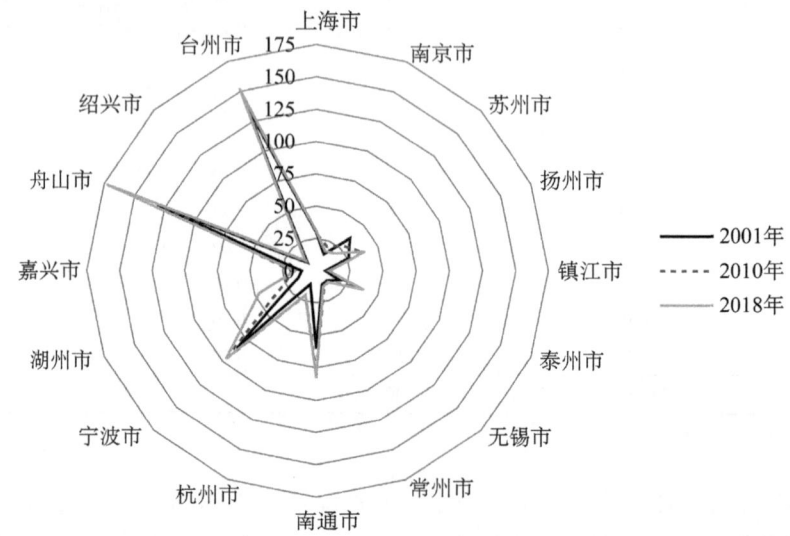

图 3-17　2001 年、2010 年、2018 年长三角核心区 16 个城市水产品产量情况
图中数字表示水产品产量，单位为万吨

市水产品产量稍微增长；2010～2018年浙江地区的湖州市水产品产量明显增长，江苏地区的南京市、苏州市、常州市和浙江地区的杭州市、宁波市、嘉兴市水产品产量下降，其余城市水产品产量稍微增长。总体来看，浙江地区的舟山市和台州市水产品产量增长缓慢，但仍保持高位水平。

3.4.2 从增速看发展

图3-18为2000～2018年长三角核心区主要城市水产品产量变化情况。图中显示，舟山市和台州市水产品产量2009年以前都较为平稳，2009～2016年明显增加，2016年以后有所减少；上海市水产品产量2000～2006年缓慢增加而后减少；南京市和杭州市水产品产量在2014年以前缓慢增加而后减少。总体来看，舟山市和台州市水产品产量高于其他三个城市。

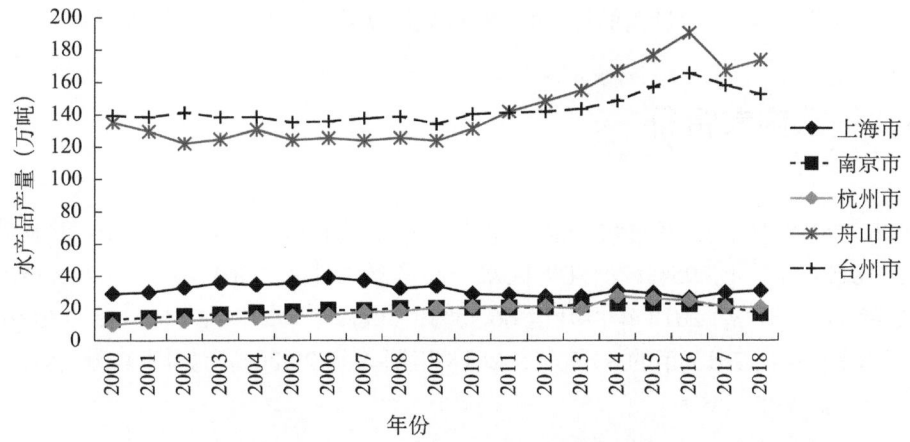

图3-18 2000～2018年长三角核心区主要城市水产品产量变化情况
图中主要城市选择标准在于上海市为直辖市、南京市与杭州市为省会城市，
需包含在内，舟山市和台州市是水产品产量较大的两个城市，具有比较意义

2001～2018年，浙江地区水产品产量显著高于江苏地区和上海市，2016年浙江地区与江苏地区的差距达到历年最大（图3-19）。2018年长三角核心区水产品产量为780.86万吨，是2001年（611.51万吨）的1.28倍。2018年，上海市水产品产量为30.85万吨，比2010年（28.97万吨）增加了6.49%；江苏地区水产品产量为232.69万吨，与2010年（232.80万吨）相当；浙江地区水产品产量为517.32万吨，比2010年（442.66

万吨）增加了 16.87%。

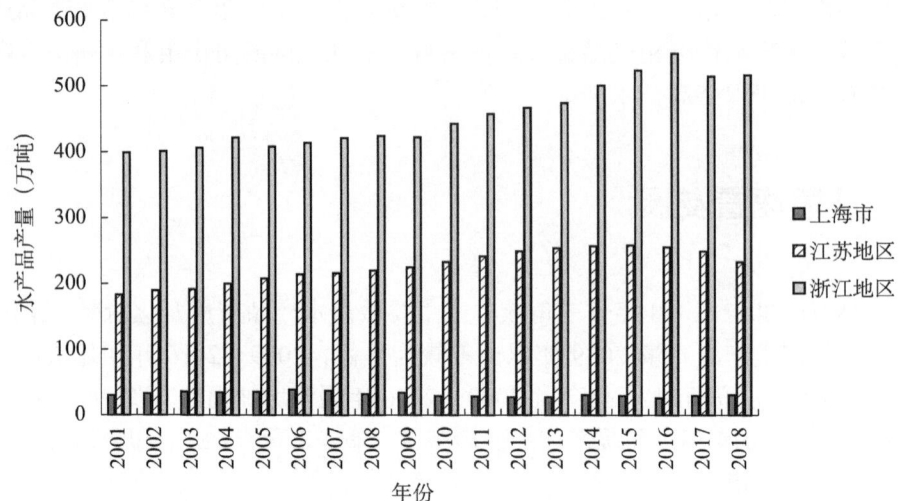

图 3-19　2001~2018 年上海市、江苏地区、浙江地区水产品产量变化情况

3.4.3　从结构看特征

2006~2018 年，上海市水产品产量占长三角核心区水产品产量的比重波动式下降，由 5.81%下降到 3.95%；浙江地区水产品产量占比由 2001 年的 65.22%波动下降至 2013 年的 62.81%，2018 年再升至 66.25%；江苏地区水产品产量占比由 2001 年的 29.91%波动上升至 2013 年的 33.60%，2018 年回落到 29.80%，如图 3-20 所示。

3.5　蔬　菜　产　量

蔬菜是指可以做菜、烹饪成为食品的一类植物或菌类。

表 3-9 为 2000~2018 年长三角核心区 16 个城市蔬菜产量。其中，常州市、苏州市、扬州市和镇江市数据严重缺失，无锡市 2017 年和 2018 年数据缺失，南京市 2000 年数据缺失。

3 农业实物产出

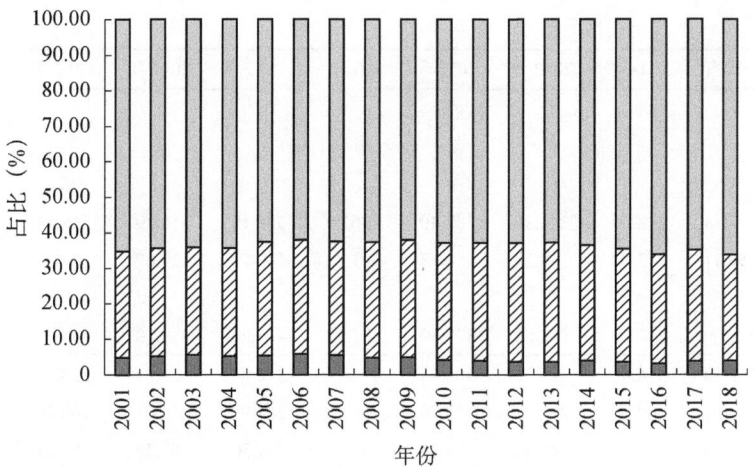

图 3-20 2001~2018 年上海市、江苏地区、浙江地区水产品产量占比分布

表 3-9 2000~2018 年长三角核心区 16 个城市蔬菜产量 （单位：万吨）

城市	2000年	2001年	2002年	2003年	2004年	2005年	2006年	2007年	2008年
上海市	377.00	424.00	476.60	460.50	440.00	409.03	418.80	413.50	410.00
南京市		294.94	342.20	334.34	360.52	311.62	239.05	252.45	269.49
苏州市	159.30	160.56	171.97	164.12	154.57	149.31	154.59	142.72	156.53
扬州市	121.74	105.15	113.39	119.06	120.46	128.15	132.13	126.21	136.42
镇江市	62.95	64.23	65.05	64.03	65.25	67.31	66.58	60.49	64.02
泰州市	198.70	203.30	224.47	244.14	224.56	220.41	229.93	212.78	203.09
无锡市	90.64	97.90	103.69	103.93	104.87	117.94	108.26	122.02	126.07
常州市									
南通市	218.11	237.23	265.24	280.29	327.75	280.12	287.17	265.24	272.53
杭州市	216.71	249.08	267.58	288.28	301.03	309.32	322.66	327.82	323.61
宁波市	243.70	299.22	291.67	275.04	286.76	274.86	264.73	251.97	272.92
湖州市	64.73	74.13	86.92	91.93	90.90	89.50	90.15	88.74	84.89
嘉兴市	162.46	181.37	195.89	195.22	198.99	206.47	215.10	222.82	224.31
舟山市	15.19	20.70	21.17	19.92	19.22	18.55	19.64	19.27	17.10
绍兴市	199.01	214.39	252.52	252.12	231.95	231.77	237.12	246.88	234.90
台州市	15.19	20.70	21.17	19.92	19.22	18.55	19.64	19.27	17.10
城市	2009年	2010年	2011年	2012年	2013年	2014年	2015年	2016年	2017年	2018年
上海市	394.10	398.10	408.20	406.90	385.30	378.00	349.40	320.00	281.90	284.70
南京市	295.91	266.32	293.36	295.17	306.24	308.60	304.80	275.00	256.90	284.50

117

续表

城市	2009年	2010年	2011年	2012年	2013年	2014年	2015年	2016年	2017年	2018年
苏州市										
扬州市										
镇江市									96.64	94.14
泰州市	212.40	223.14	248.79	271.86	287.40	296.26	306.18	310.39	318.18	331.06
无锡市	142.26	154.11	153.88	158.22	158.33	141.35	139.20	129.67		
常州市										
南通市	290.84	323.00	342.70	362.82	377.50	385.72	423.30	439.10	445.26	456.23
杭州市	313.35	312.44	316.46	322.05	305.34	296.99	318.84	335.34	338.34	340.91
宁波市	274.42	265.73	269.09	261.20	248.79	244.17	244.95	249.68	260.70	255.81
湖州市	85.95	85.28	85.59	85.54	80.28	84.60	84.56	87.30	91.24	91.45
嘉兴市	229.35	242.83	246.60	246.46	248.68	226.35	265.78	272.45	276.01	248.52
舟山市	17.27	16.12	15.99	14.91	14.35	13.71	12.93	13.10	13.44	12.58
绍兴市	232.67	243.47	237.59	240.63	229.22	197.78	174.54	178.75	180.29	178.81
台州市	17.27	16.12	15.99	14.91	14.35	13.71	12.93	13.10	13.44	12.58

3.5.1 从数字看形势

2018年，长三角核心区11个城市蔬菜产量为2497.15万吨（表3-10）。其中，南通市蔬菜产量由2000年的218.11万吨增长到2018年的456.23万吨，增长了1.09倍。

表3-10　2018年长三角核心区11个城市蔬菜产量及增长情况

城市	2018年蔬菜产量（万吨）	2018年比2000年增长倍数（倍）	2000～2018年年均增长率（%）
上海市	284.70	−0.24	−1.55
南京市	284.50		
泰州市	331.06	0.67	2.88
南通市	456.23	1.09	4.19
杭州市	340.91	0.57	2.55
宁波市	255.81	0.05	0.27
湖州市	91.45	0.41	1.94
嘉兴市	248.52	0.53	2.39

续表

城市	2018年蔬菜产量（万吨）	2018年比2000年增长倍数（倍）	2000~2018年年均增长率（%）
舟山市	12.58	−0.17	−1.04
绍兴市	178.81	−0.10	−0.59
台州市	12.58	−0.17	−1.04
总计	2497.15		

注：2018年苏州市、扬州市、镇江市、无锡市和常州市数据缺失，因而本表仅分析长三角核心区其他11个城市

2018年，长三角核心区11个城市平均蔬菜产量为227.01万吨。浙江地区的湖州市、舟山市、绍兴市和台州市蔬菜产量低于平均水平，其余7个城市高于平均水平，如图3-21所示。高于平均水平的7个城市的蔬菜产量为2201.73万吨，占长三角核心区蔬菜总产量的88.17%。

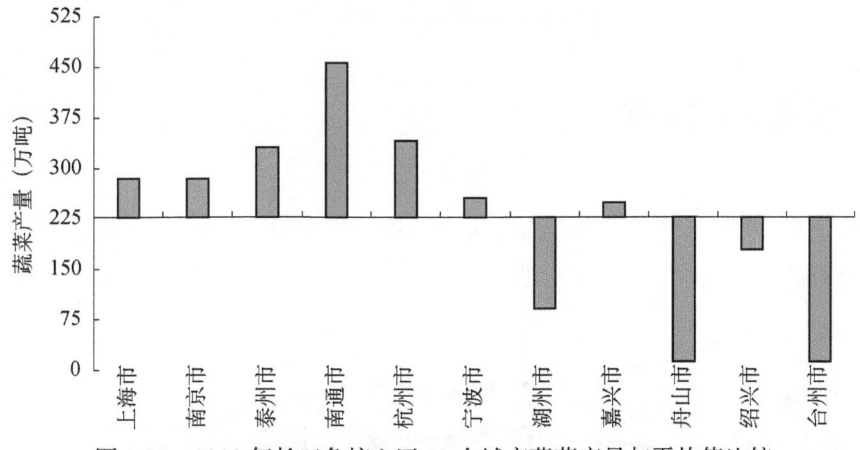

图3-21 2018年长三角核心区11个城市蔬菜产量与平均值比较

图3-22显示了2001年、2010年、2018年长三角核心区11个城市蔬菜产量情况。图中显示，2001~2010年江苏地区的南通市蔬菜产量明显增长，上海市、江苏地区的南京市和浙江地区的宁波市、舟山市、台州市蔬菜产量下降，其余城市蔬菜产量稍微增长；2010~2018年江苏地区的泰州市和南通市蔬菜产品产量明显增长，江苏地区的南京市和浙江地区的杭州市、湖州市、嘉兴市蔬菜产量稍微增长，其余城市蔬菜产量下降。总体来看，江苏地区的南通市蔬菜产量增长迅速，并在2018年成为蔬菜产量最大的城市。

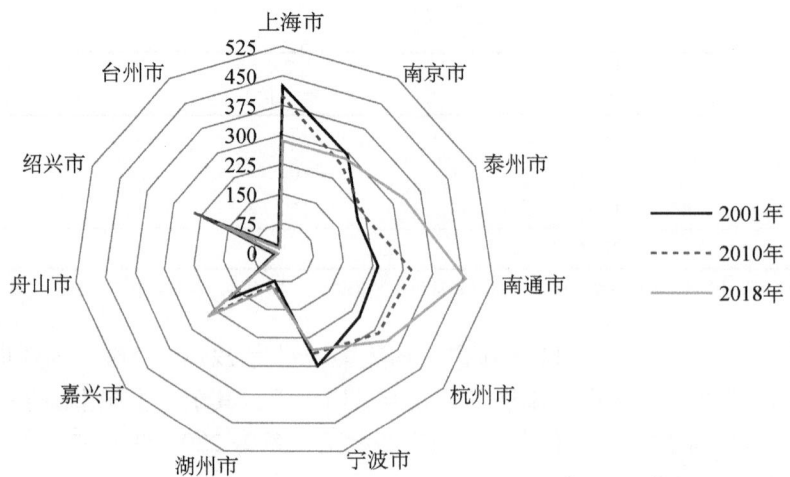

图 3-22　2001 年、2010 年、2018 年长三角核心区 11 个城市蔬菜产量情况
图中数字表示蔬菜产量,单位为万吨

3.5.2　从增速看发展

图 3-23 为 2000~2018 年长三角核心区主要城市蔬菜产量变化情况。图中显示,

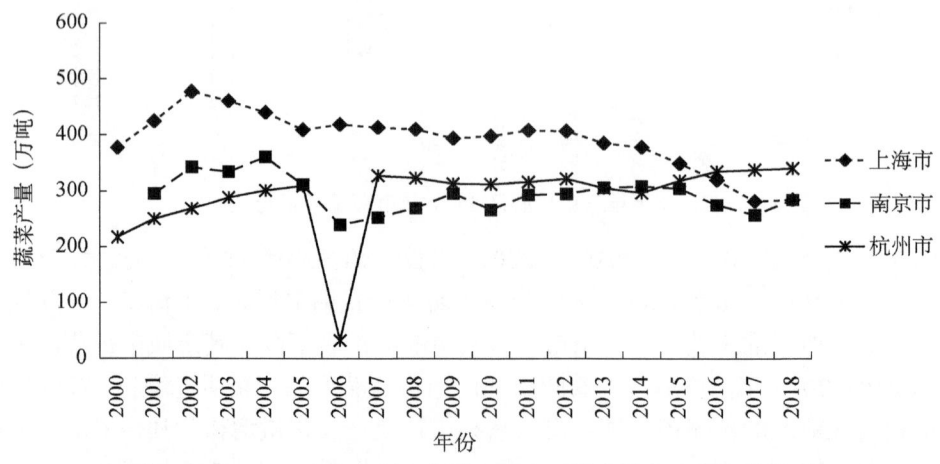

图 3-23　2000~2018 年长三角核心区主要城市蔬菜产量变化情况
图中主要城市选择标准在于上海市为直辖市、南京市与杭州市为省会城市,需包含在内

上海市蔬菜产量2000～2002年增加，2002年以后波动式减少；杭州市和南京市蔬菜产量除了在2004～2006年急剧减少并在2007年回升之后，总体较为平稳。总体来看，上海市蔬菜产量高于其他两个城市。

3.6 茶叶产量

茶叶，灌木或小乔木，嫩枝无叶，长期以来经广泛栽培，毛被及叶型变化很大。茶叶可作饮品，含有多种有益成分，并有保健功效。

表3-11为2000～2018年长三角核心区16个城市茶叶产量。

表3-11　2000～2018年长三角核心区16个城市茶叶产量　（单位：吨）

城市	2000年	2001年	2002年	2003年	2004年	2005年	2006年	2007年	2008年
上海市									
南京市	1 708	1 666	1 773	1 458	1 486	2 043	2 140	2 109	2 169
苏州市	258	249	235	399	315	348	381	385	397
扬州市			440	472	535	564	597	579	653
镇江市	1 816	1 792	1 707	1 750	1 368	1 253	1 210	1 276	1 225
泰州市									
无锡市	4 898	4 820	4 848	4 910	4 680	4 802	5 929	6 791	6 798
常州市	2 680	2 643	5 215	2 669	2 654	2 762	2 922	3 317	3 817
南通市									
杭州市	24 810	24 732	25 423	24 975	25 009	25 551	26 939	28 207	29 623
宁波市	17 997	18 873	19 011	19 154	19 936	21 411	22 184	22 728	20 285
湖州市	647 272	741 325	869 183	919 273	908 957	895 009	901 456	887 361	848 865
嘉兴市	1 624 581	1 813 709	1 958 887	1 952 221	1 989 936	2 064 651	2 151 042	2 228 174	2 243 116
舟山市	151 945	206 983	211 706	199 224	192 231	185 479	196 366	192 702	170 993
绍兴市	1 990 098	2 143 935	2 525 200	2 521 196	2 319 540	2 317 737	2 371 237	2 468 778	2 349 013
台州市									

城市	2009年	2010年	2011年	2012年	2013年	2014年	2015年	2016年	2017年	2018年
上海市				12	3	6	2	1	2	3
南京市	2 084	2 092	1 956	2 181	1 918	1 874	1 599	1 540	1 535	1 539

续表

城市	2009年	2010年	2011年	2012年	2013年	2014年	2015年	2016年	2017年	2018年
苏州市	403	338	349	375	383	374	364	357	360	401
扬州市	677	680	611	754	738	757	732	686	702	703
镇江市	1 261	1 345	1 345	1 412	1 376	1 742	1 769	1 765	1 708	1 670
泰州市										
无锡市	6 866	6 426	6 494	6 652	6 049	6 543	6 710	6 507	6 412	6 573
常州市	3 936	3 464	3 449	3 502	2 929	2 819	2 819	2 585	2 714	2 595
南通市										
杭州市	30 204	30 500	31 385	32 283	28 503	26 548	28 139	28 150	30 103	30 091
宁波市	18 802	18 155	17 843	16 604	15 277	15 921	14 495	14 223	13 599	13 147
湖州市	859 453	852 827	855 906	855 433	802 771	845 965	845 585	872 969	912 422	914 511
嘉兴市	2 293 457	2 428 312	2 466 041	2 464 607	2 486 838	2 263 526	2 657 786	2 724 477	2 760 089	2 485 181
舟山市	172 655	161 209	159 850	149 103	143 481	137 090	129 290	131 041	134 367	125 759
绍兴市	2 326 745	2 434 694	2 375 855	2 406 257	2 292 207	1 977 762	1 745 402	1 787 469	1 802 902	1 788 126
台州市										

注：上海市、泰州市、南通市和台州市数据严重缺失，扬州市2000年和2001年数据缺失

3.6.1 从数字看形势

2018年，长三角核心区各城市除江苏地区的泰州市、南通市和浙江地区的台州市外，13个城市平均茶叶产量为413 100万吨。其中，浙江地区的湖州市、嘉兴市和绍兴市3个城市高于平均水平，其余10个城市低于平均水平，如图3-24所示。高于平均水平的3个城市的茶叶产量为518.78万吨，占长三角核心区茶叶总产量的96.60%。

图3-25为2000年、2010年、2018年长三角核心区12个城市茶叶产量情况。图中显示，苏州市、湖州市、嘉兴市茶叶产量逐年增加；2000~2010年嘉兴市茶叶产量明显增加，2010~2018年少许增加；2000~2010年绍兴市茶叶产量增加，2010~2018年茶叶产量减少。

3 农业实物产出

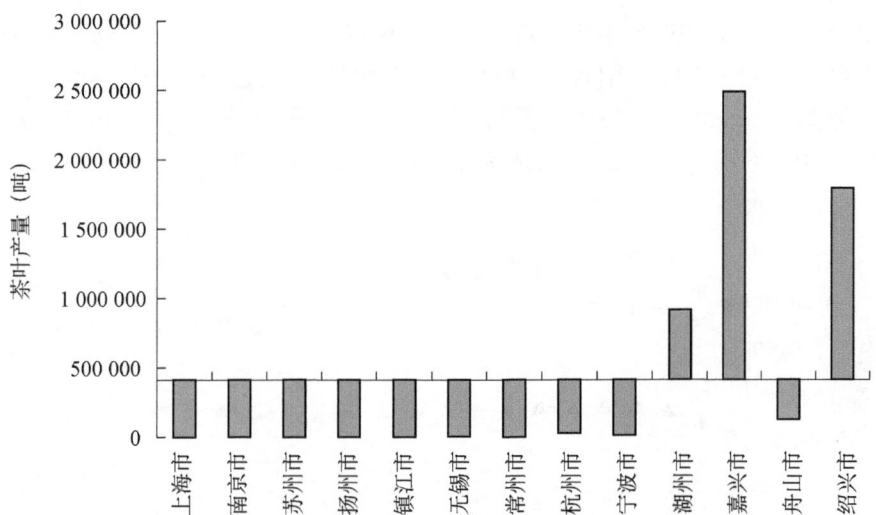

图 3-24　2018 年长三角核心区 13 个城市茶叶产量与平均值比较

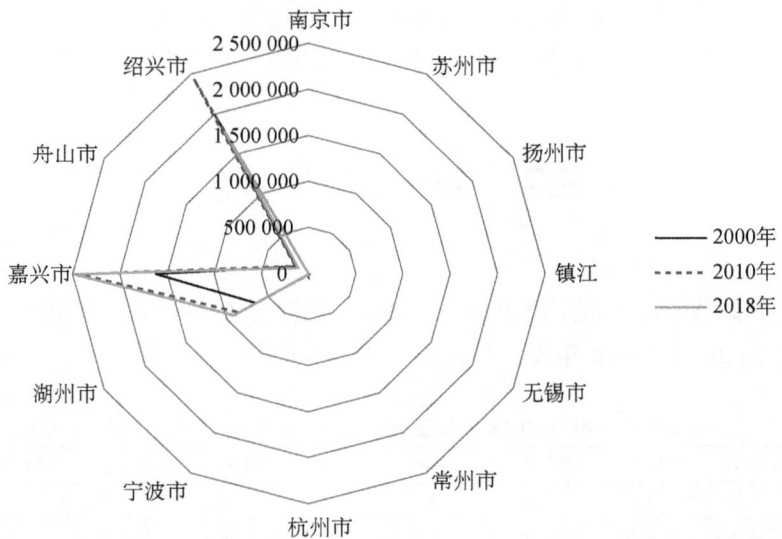

图 3-25　2000 年、2010 年、2018 年长三角核心区 12 个城市茶叶产量情况
　　　　图中数字表示茶叶产量，单位为吨

3.6.2 从增速看发展

图 3-26 为 2000~2018 年长三角核心区主要城市茶叶产量变化情况。图中显示，湖州市茶叶产量较为平稳；绍兴市 2000~2002 年茶叶产量增速较快，2002~2011 年茶叶产量较为平稳，2011~2015 年茶叶产量逐渐减少而后平稳；嘉兴市茶叶产量总体平缓增加，2010 年以后超过绍兴市成为茶叶产量最大的城市。

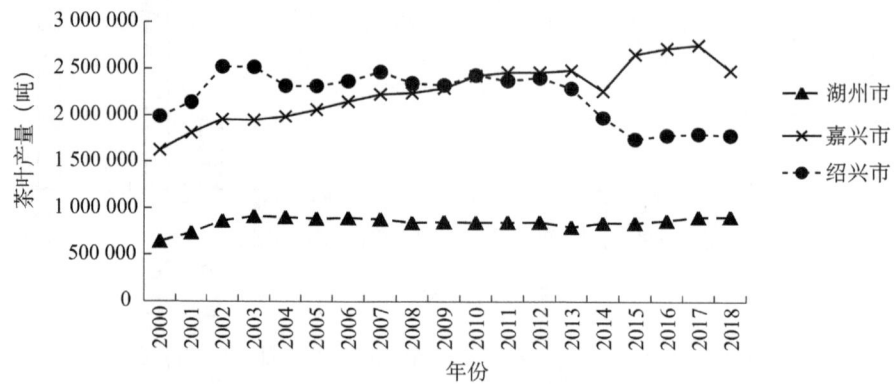

图 3-26　2000~2018 年长三角核心区主要城市茶叶产量变化情况
图中主要城市选择标准在于湖州市、嘉兴市、绍兴市 3 个城市茶叶产量占比极高

3.7　蚕茧产量

蚕茧是指蚕桑的茧。茧层可以缫丝，茧衣及缫制后的废丝可作丝绵和绢纺原料。表 3-12 为 2000~2018 年长三角核心区 16 个城市蚕茧产量。

表 3-12　2000~2018 年长三角核心区 16 个城市蚕茧产量　　（单位：吨）

城市	2000 年	2001 年	2002 年	2003 年	2004 年	2005 年	2006 年	2007 年	2008 年
上海市	79	121	121	64	30	28	3	2	
南京市	536	609	670	431	525	441	524	394	431
苏州市	7 291	7 397	5 785	3 437	3 512	2 771	3 008	2 478	1 654
扬州市	4 431	5 537	5 100	4 511	3 956	3 132	3 510	2 628	1 598
镇江市									
泰州市	1 273	1 295	1 508	1 577	1 598	1 323	1 296	1 107	869

续表

城市	2000年	2001年	2002年	2003年	2004年	2005年	2006年	2007年	2008年
无锡市	1 115	1 176	1 022	725	603	444	394	347	235
常州市	4 815	5 215	5 031	4 494	4 392	2 843	3 267	2 423	1 641
南通市	30 253	37 048	41 076	40 905	45 192	42 625	53 360	45 924	43 371
杭州市	9 308	10 772	11 997	12 803	14 744	16 339	18 384	20 389	18 987
宁波市									
湖州市	21 580	25 211	21 726	17 237	19 506	18 920	22 049	20 559	17 373
嘉兴市	50 574	58 846	49 048	35 901	36 933	37 578	42 665	41 257	33 565
舟山市									
绍兴市	7 009	7 850	8 275	6 465	5 980	5 500	5 476	5 678	4 383
台州市	79	121	121	64	30	28	3	2	

城市	2009年	2010年	2011年	2012年	2013年	2014年	2015年	2016年	2017年	2018年
上海市										
南京市	119	170	139	85	85	33	11	2		
苏州市	915	638	558	495	396	357	295	237	199	193
扬州市	1 038	687	638	527	364	358	260	102	48	
镇江市			264	386	216					
泰州市	450	298	276	152	109	86	50	41	35	31
无锡市	130	91	87	77	72	73				
常州市	724	671	544	469	441	327	187	87	65	36
南通市	32 623	34 383	29 100	27 229	21 175	20 008	15 962	13 173	12 094	10 706
杭州市	17 870	15 637	16 127	15 514	14 502	12 294	10 426	8 146	3 013	4 564
宁波市										
湖州市	13 836	13 718	14 058	13 334	11 620	9 338	7 884	7 261	5 842	5 254
嘉兴市	26 432	24 858	24 555	21 942	19 234	16 279	13 493	10 377	9 590	10 817
舟山市										
绍兴市	3 459	3 048	2 976	2 754	2 599	1 291	977	560	433	355
台州市										

注：上海市、镇江市、宁波市、舟山市和台州市蚕茧产量数据严重缺失，南京市2017年和2018年、扬州市2018年、无锡市2015~2018年数据缺失

3.7.1 从数字看形势

图3-27显示了2000年、2010年、2018年长三角核心区12个城市蚕茧产量情况。图中显示，2000~2010年除江苏地区的南通市和浙江地区的杭州市蚕茧产量有所增加以外，其他城市蚕茧产量有所减少；2010~2018年所有城市蚕茧产量都有所减少。

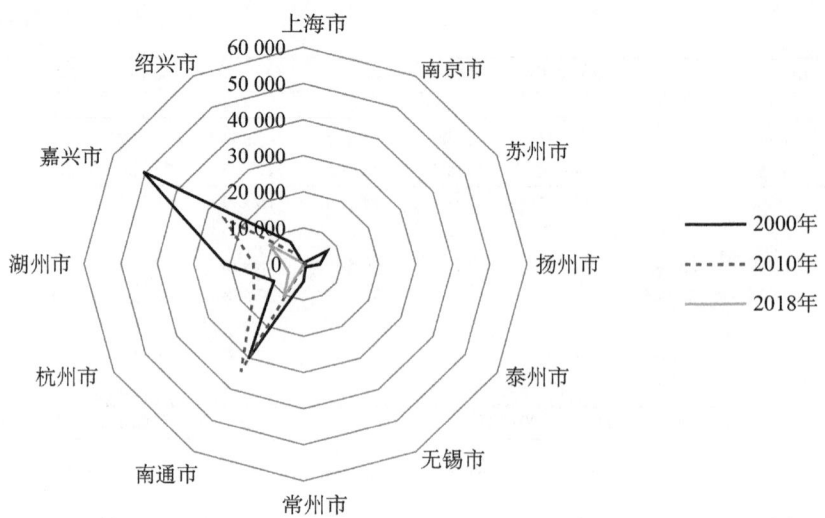

图 3-27 2000 年、2010 年、2018 年长三角核心区 12 个城市蚕茧产量情况
图中数字表示蚕茧产量，单位为吨

3.7.2 从增速看发展

图 3-28 为 2000~2018 年长三角核心区主要城市蚕茧产量变化情况。图中显示，

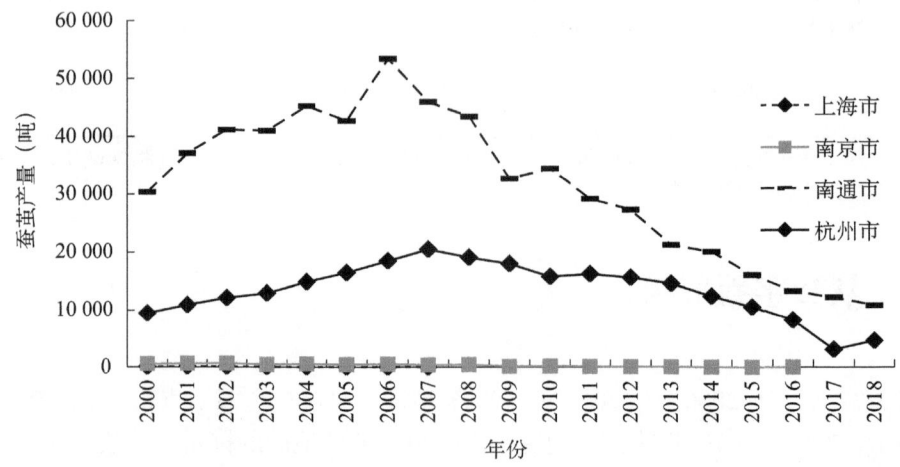

图 3-28 2000~2018 年长三角核心区主要城市蚕茧产量变化情况
图中主要城市选择标准在于上海市为直辖市、南京市与杭州市为省会城市，
需包含在内，南通市是蚕茧产量较大的城市，具有比较意义

南通市和杭州市蚕茧产量在 2006 年以前波动式上升，2006 年以后波动式减少；上海市和南京市蚕茧产量一直处于较低水平。

3.8 水果产量

水果，多汁且主要味觉为甜味和酸味的可食用的植物果实。

表 3-13 为 2000~2018 年长三角核心区 16 个城市水果产量。

表 3-13 2000~2018 年长三角核心区 16 个城市水果产量 （单位：万吨）

城市	2000 年	2001 年	2002 年	2003 年	2004 年	2005 年	2006 年	2007 年	2008 年
上海市	22.54	26.74	27.72	33.31	33.74	33.63	38.93	43.93	46.12
南京市	2.36	2.82	3.75	4.17	5.18	4.25	5.39	6.83	7.93
苏州市		78.52	67.92	79.31	73.08	74.14	76.02	79.77	91.10
扬州市	2.69	3.85	3.39	3.58	3.76	3.91	4.18	3.94	4.65
镇江市	1.27	8.82	3.23	9.74	9.20	8.85	8.55	9.04	3.90
泰州市	1.58	1.33	1.51	1.86	2.23	2.66	2.88	3.02	2.81
无锡市	2.72	5.33	3.79	2.47	3.67	3.44	2.68	1.77	1.70
常州市	2.96	3.60	3.70	5.99	6.08	6.73	5.99	7.39	7.95
南通市	12.05	13.03	13.13	13.93	10.41	10.21	11.65	11.89	11.10
杭州市	11.06	39.47	38.92	42.36	49.90	52.55	63.76	70.45	76.79
宁波市	31.20	107.23	89.36	114.06	121.93	118.79	130.47	140.34	149.35
湖州市	3.12	3.95	4.37	5.36	6.14	6.92	7.01	7.49	8.29
嘉兴市	4.08	5.75	8.34	9.84	13.86	14.90	15.36	17.69	20.08
舟山市	2.06	7.59	5.12	7.43	7.65	7.72	8.31	9.23	9.06
绍兴市	11.72	36.51	36.99	43.56	47.53	48.56	56.14	59.24	59.01
台州市	38.74	91.06	89.69	108.11	115.83	107.00	110.67	115.69	120.58
城市	2009 年	2010 年	2011 年	2012 年	2013 年	2014 年	2015 年	2016 年	2017 年	2018 年
上海市	45.16	44.16	40.22	48.15						
南京市	10.70	8.53	9.94	11.98	14.51	15.77	15.45	15.59	16.32	17.05
苏州市	103.06	96.95	103.08	105.99	110.76	114.93	104.16	95.60	105.13	98.53
扬州市	4.05	3.84	4.69	5.19	7.14	6.71	10.65	9.28	9.43	9.52
镇江市	4.56	4.88	5.99	8.07	9.26	13.06	13.44	14.41	14.92	15.08

续表

城市	2009年	2010年	2011年	2012年	2013年	2014年	2015年	2016年	2017年	2018年
泰州市	2.53	3.43	3.99	4.37	4.97	4.97	5.07	5.09	5.23	5.74
无锡市	1.84	1.16	0.93	0.87	0.90	0.94	0.86	0.54	0.48	0.48
常州市	8.32	9.96	9.29	11.74	11.08	13.66	12.90	10.33	12.71	12.73
南通市	17.30	17.39	18.48	19.00	19.31	19.32	18.48	16.51	16.11	15.63
杭州市	77.27	77.71	80.31	81.87	81.41	75.37	78.96	76.41	81.99	83.41
宁波市	139.10	133.11	129.10	126.24	128.45	120.51	121.39	120.54	125.14	126.55
湖州市	9.06	9.58	11.93	12.02	12.64	13.27	13.68	13.59	13.56	13.62
嘉兴市	21.45	23.14	26.52	29.43	29.91	33.06	63.44	63.08	61.70	55.89
舟山市	9.27	8.59	8.74	8.40	8.13	7.86	7.34	7.22	7.62	7.70
绍兴市	59.72	60.30	61.81	61.93	64.12	56.92	63.19	63.26	64.11	59.79
台州市	116.58	124.55	128.78	121.58	122.35	126.48	131.29	136.05	144.78	147.27

注：上海市2013~2018年、苏州市2000年数据未收集到，故空缺

3.8.1 从数字看形势

2018年，长三角核心区15个城市水果产量为668.99万吨。其中，江苏地区水果产量为174.76万吨，占比为26.12%；浙江地区水果产量为494.23万吨，占比为73.88%。15个城市中，台州市以147.27万吨列第一位，无锡市以0.48万吨列最后一位（表3-14）。

表3-14 2018年长三角核心区15个城市水果产量及增长情况

城市	水果产量		2018年比2000年增长倍数（倍）	2000~2018年年均增长率（%）
	总量（万吨）	占比（%）		
南京市	17.05	2.55	6.22	11.61
苏州市	98.53	14.73		
扬州市	9.52	1.42	2.54	7.27
镇江市	15.08	2.25	10.87	14.74
泰州市	5.74	0.86	2.63	7.43
无锡市	0.48	0.07	-0.82	-9.19
常州市	12.73	1.90	3.30	8.44
南通市	15.63	2.34	0.30	1.46
杭州市	83.41	12.47	6.54	11.88

续表

城市	水果产量		2018年比2000年增长倍数（倍）	2000~2018年年均增长率（%）
	总量（万吨）	占比（%）		
宁波市	126.55	18.92	3.06	8.09
湖州市	13.62	2.04	3.37	8.53
嘉兴市	55.89	8.35	12.70	15.65
舟山市	7.70	1.15	2.74	7.60
绍兴市	59.79	8.94	4.10	9.48
台州市	147.27	22.01	2.80	7.70
总计	668.99	100.00		

注：苏州市2000年数据缺失

2018年，长三角核心区15个城市平均水果产量为44.60万吨。其中，江苏地区的苏州市和浙江地区的杭州市、宁波市、嘉兴市、绍兴市、台州市6个城市高于平均水平，其余9个城市低于平均水平，如图3-29所示。高于平均水平的6个城市的水果产量为571.44万吨，占长三角核心区水果总产量的85.42%。

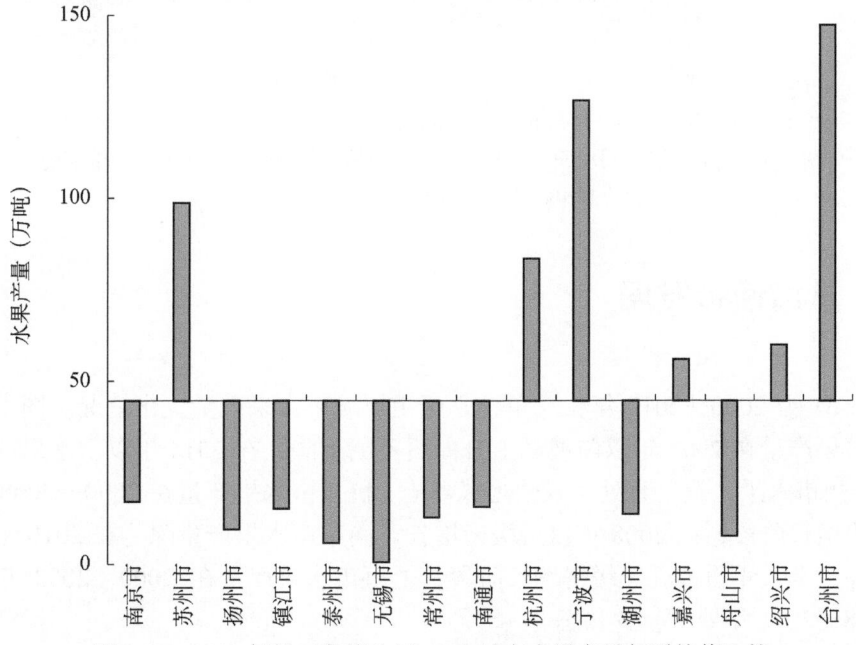

图3-29 2018年长三角核心区15个城市水果产量与平均值比较

图 3-30 显示了 2001 年、2010 年、2018 年长三角核心区 15 个城市水果产量情况。图中显示，2001～2010 年江苏地区的扬州市、镇江市、无锡市水果产量下降，其他城市水果产量有所增加；2010～2018 年江苏地区的无锡市、南通市和浙江地区的宁波市、舟山市、绍兴市水果产量下降，其余城市水果产量有所增加。总体来说，南京市和嘉兴市水果产量增加较为明显，宁波市和台州市水果产量处于高位。

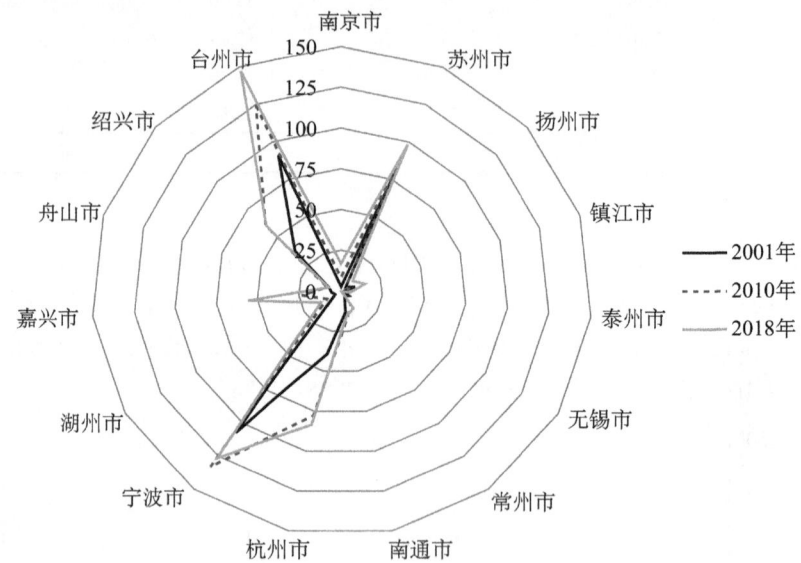

图 3-30 2001 年、2010 年、2018 年长三角核心区 15 个城市水果产量情况

图中数字表示水果产量，单位为万吨

3.8.2 从增速看发展

图 3-31 为 2000～2018 年长三角核心区主要城市水果产量变化情况。图中显示，宁波市水果产量在 2008 年以前波动上升而后不断下降，在 2014 年以后水果产量趋于稳定；台州市水果产量一直处于较快增长状态；杭州市水果产量在 2000～2008 年一直处于较快增长阶段，在 2008 年以后缓慢增长；南京市水果产量除了在 2010 年有些许减少以外，其余年份都处于缓慢增长阶段；上海市水果产量在 2000～2008 年缓慢增长，2008～2011 年处于减少状态。

图 3-32 为 2001～2018 年江苏地区、浙江地区水果产量变化情况。图中显示，

3 农业实物产出

2001~2018 年浙江地区水果产量显著高于江苏地区，2018 年两地区差距达到历年最大。2018 年江苏地区、浙江地区水果产量为 668.99 万吨，是 2001 年（408.86 万吨）的 1.64 倍。其中，江苏地区 2018 年水果产量为 174.76 万吨，比 2010 年（146.14 万吨）增加了 19.58%；浙江地区 2018 年水果产量为 494.23 万吨，比 2010 年（436.98 万吨）增加了 13.10%。

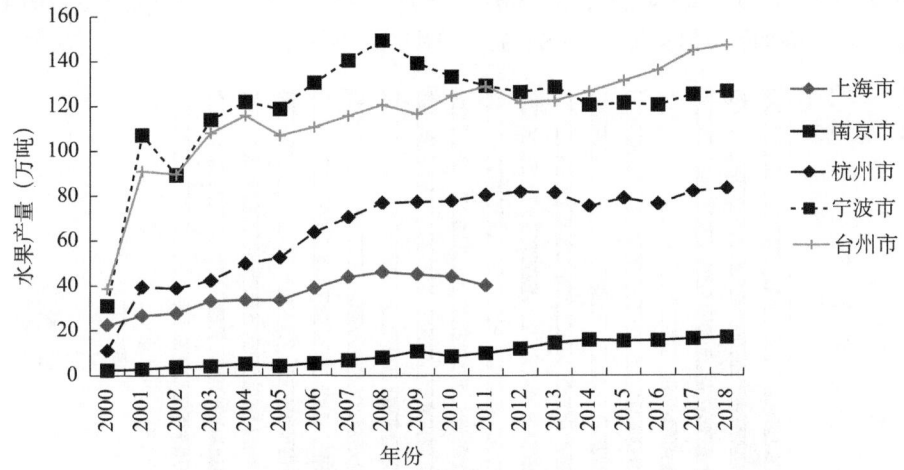

图 3-31　2000~2018 年长三角核心区主要城市水果产量变化情况

图中主要城市选择标准在于上海市为直辖市、南京市与杭州市为省会城市，需包含在内，宁波市和台州市是水果产量较大的两个城市，具有比较意义

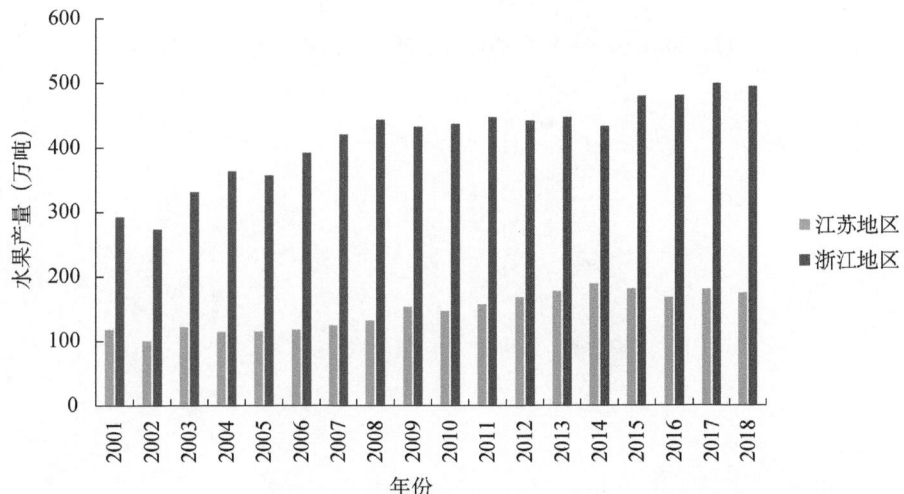

图 3-32　2001~2018 年江苏地区、浙江地区水果产量变化情况

3.8.3 从结构看特征

江苏地区水果产量占比由 2001 年的 28.69%波动下降到 2008 年的 22.83%，随后不断增加到 2014 年的 30.40%，而后下降到 2018 年的 26.12%；浙江地区水果产量占比由 2001 年的 71.31%波动上升至 2007 年的 77.26%，随后不断减少至 2014 年的 69.60%，而后增加到 2018 年的 73.88%，如图 3-33 所示。

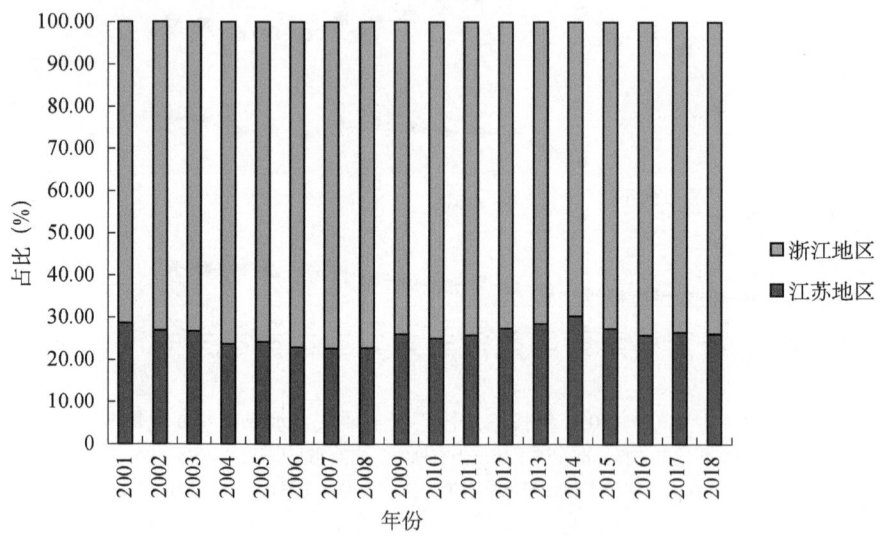

图 3-33　2001～2018 年江苏地区、浙江地区水果产量占比分布

4 农村发展

4.1 农村基层组织[①]

农村基层组织，包括设在镇（办事处）和村一级的各种组织，一般是指村级组织。农村基层组织包括基层政权、基层党组织和其他组织三个方面，主要有村党组织、村民委员会、村团支部、村妇代会、村民兵连及"两新"组织（新的经济组织和新的社会组织）。在中国，农村基层组织对于引领地区经济发展具有重要作用。中国政府从制度创新和政策设计入手，持续深化农村各项改革，引导农村基层组织参与推进农业现代化进程，大力实施富民强村工程，协调发展农村社会事业，实现农业增效、农民增收、农村繁荣。在新时代背景下，村级党组织能够及时调整自身工作内容，积极适应农村基层组织建设的发展需求，为促进农村经济社会全面发展奠定坚实基础。

村民委员会是中国乡（镇）所辖的行政村的村民选举产生的群众性自治组织，是村民自我管理、自我教育、自我服务的基层群众性自治组织，由主任、副主任和委员共3～7人组成。领导班子产生依赖民主选举，每三年选举一次，没有终身制，任何组织或者个人不得指定、委派或者撤换村民委员会成员。

村民小组是在村民委员会下设立的小组，村民小组不是一级组织，不具有法人资格。在人民公社解体以后，很多地方的村民小组暂代行农村集体经济组织（即原生产队）职能。城区或城郊"村改居"后，就不存在村民小组代管农村集体经济组织的问题。村民小组为农村基层自治组织——村民委员会划分的行政编组；同时期，城市街道、镇的区划社区的编组称为居民小组。村民小组为中国乡村农业区最基层的社会组织再延伸的编组，直接管辖的对象为农户和村民。村民小组以村民委员会下设立的小组身份开展活动时，不具有法人资格；村民小组代行农村集体经济组织职能活动时，具有农村集体经济组织法人资格。

表4-1展示了2000～2014年长三角核心区7个城市村民委员会个数。在空间维度上，各城市间的差距较为明显；在时间维度上，各城市村民委员会个数总体上稳定减少。

[①] 由于数据缺失较多，本节仅分析上海市、南京市、扬州市、常州市、南通市、嘉兴市、台州市7个城市的部分年份状况，以及除上海市以外其他15个城市的情况。

4 农村发展

表 4-1 2000～2014 年长三角核心区 7 个城市村民委员会个数 （单位：个）

城市	2000年	2001年	2002年	2003年	2004年	2005年	2006年
上海市	2784	2715	2090	1991	1905	1875	1839
南京市	1603						
扬州市	1511					1200	
常州市	1909					1101	
南通市	4313					1843	1824
嘉兴市	1196	1090	1029	1028	963	953	943
台州市	5567	5536	5150	5134	5109	5037	5034

城市	2007年	2008年	2009年	2010年	2011年	2012年	2013年	2014年
上海市	1788	1781						
南京市						452	335	287
扬州市				1139				
常州市				811				
南通市	1646	1446	1420	1382			1317	1316
嘉兴市	936	875	861	823	809	804	795	
台州市	5029	5028	5028	5028	5026	5025	4705	4704

表 4-2 展示了 2007～2015 年长三角核心区 16 个城市村民小组个数。在空间维度上，各城市间的差距较为明显；在时间维度上，各城市村民小组个数总体上稳定减少。

表 4-2 2007～2015 年长三角核心区 16 个城市村民小组个数 （单位：个）

城市	2007年	2008年	2009年	2010年	2011年	2012年	2013年	2014年	2015年
上海市		205 050	214 736	210 539	198 887	219 402	207 574	208 627	206 110
南京市					11 982	11 909	12 077	12 144	11 979
苏州市						27 514	26 992	26 837	26 671
扬州市				18 061				18 083	18 088
镇江市	11 698	9 882	8 714	7 940	7 913	7 913	9 261		
泰州市	32 550	33 413	33 649	32 320	32 266	32 266	24 312		
无锡市	36 538	21 171	18 343	18 698	18 563	18 172	17 298		
常州市				17 147					15 277
南通市	41 185	41 082	40 942	40 130			39 472	39 625	39 384
杭州市					51 540	52 001	54 688		
宁波市					32 682	34 010	31 631		
湖州市					20 817	20 297	19 881		
嘉兴市	18 400	18 500	18 500	18 500	18 200	18 400	18 400		
舟山市					5 658	6 618	6 750	3 900	4 500
绍兴市					20 608	20 600	19 503		
台州市					55 887	55 652	55 473		

图 4-1 展示了 2000～2014 年长三角核心区 7 个城市村民委员会个数情况。图中显示，7 个城市的村民委员会个数都处于减少状态。台州市村民委员会个数远高于其他城市，其他城市村民委员会个数差距越来越小。2014 年，台州市村民委员会个数仍在 4700 个以上，而南京市村民委员会个数已经降至不足 300 个。

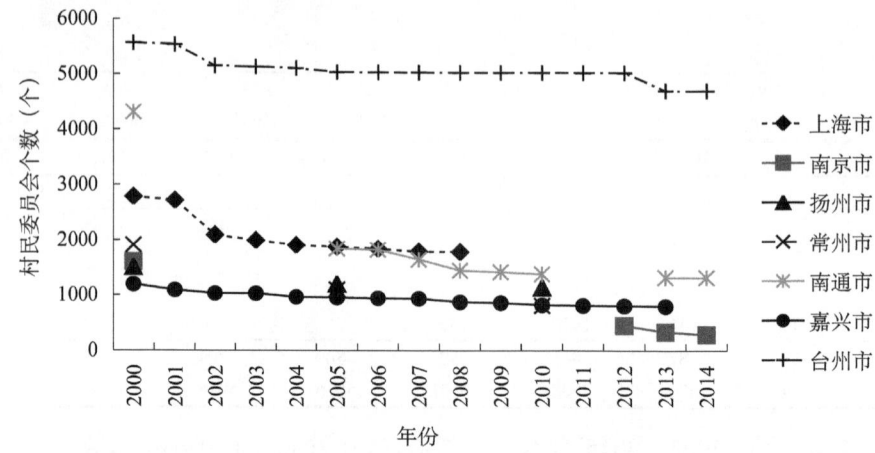

图 4-1　2000～2014 年长三角核心区 7 个城市村民委员会个数情况

图 4-2 展示了 2007～2015 年长三角核心区 15 个城市村民小组个数情况。图中显示，多数城市的村民小组个数都处于缓慢减少状态。

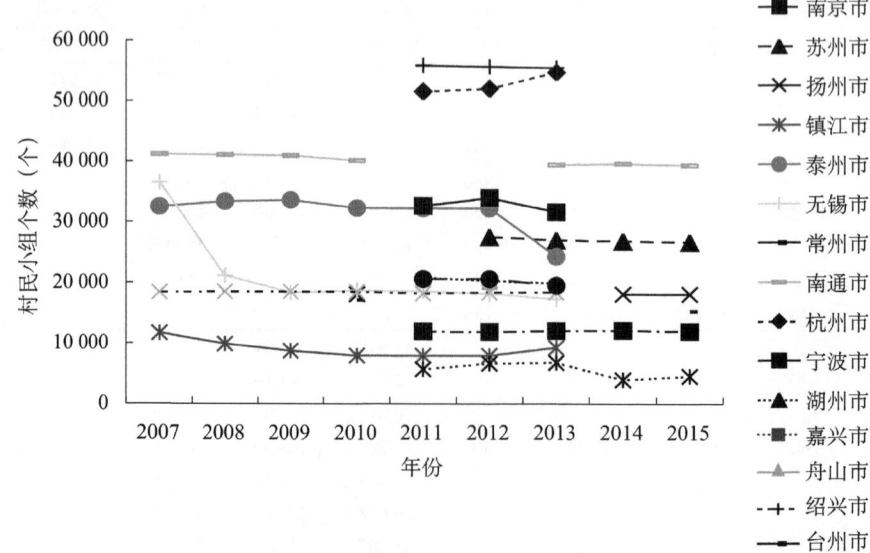

图 4-2　2007～2015 年长三角核心区 15 个城市村民小组个数情况

4.2 城镇化率[①]

城镇化也称城市化，是指随着一个国家或地区社会生产力的发展、科学技术的进步以及产业结构的调整，其社会由以农业为主的传统乡村型社会向以工业（第二产业）和服务业（第三产业）等非农产业为主的现代城市型社会逐渐转变的过程。

城镇化过程包括人口职业的转变、产业结构的转变、土地及地域空间的变化。不同的学科从不同的角度对其有不同的解释，国内外学者对城镇化的概念分别从人口学、地理学、社会学、经济学等角度进行了阐述。看似城镇化描述的是城市规模的变化，但就二元结构来说，城镇化也从另一个侧面对农村区域的发展进行了刻画。

表 4-3 展示了 2006～2018 年长三角核心区 11 个城市城镇化率。在空间维度上，各城市间的差距较为明显；在时间维度上，各城市城镇化率总体上稳定上升。

表 4-3 2006～2018 年长三角核心区 11 个城市城镇化率 （单位：%）

城市	2006年	2007年	2008年	2009年	2010年	2011年	2012年	2013年	2014年	2015年	2016年	2017年	2018年
上海市		69.0	69.3	69.5	73.3	73.9	74.3	74.9	75.1			87.7	88.1
南京市	76.4	76.8	77.0	77.2	78.5	79.7	80.2	80.5	80.9	81.4	82.0	82.3	82.5
镇江市	49.2	59.6	59.8	60.0	62.0	63.0	64.2	65.4	66.6	67.9	69.2	70.5	71.2
泰州市	46.1	47.6	48.8	51.0	55.7	56.8	57.9	59.0	60.2	61.5	63.2	64.9	66.0
无锡市	67.1	67.4	67.5	67.8	70.3	72.2	72.9	73.7	74.5	75.4	75.8	76.0	76.3
常州市	60.5	60.9	61.0	61.2	63.9	65.2	66.2	67.5	68.7	70.0	71.0	71.8	72.5
南通市	46.9	48.6		56.0	57.6	58.7	59.9	61.2	61.8	62.8	64.4	66.0	67.1
杭州市	46.5	48.2	50.3	51.9	53.0	54.1	54.8	55.7	56.5	61.8	63.0	64.0	77.4
湖州市	44.8	46.8	48.8	50.7	52.5	54.0	54.0	54.0	54.8	56.6	60.5	62.0	63.5
舟山市	61.5	61.9	62.4	63.6	64.3	65.3	65.3	65.8	66.3			68.1	
绍兴市		56.9	57.5	57.7	58.6	59.3	60.1	61.0	62.1		65.5	66.6	

2007～2018 年，长三角核心区 11 个城市城镇化率不断增加。11 个城市中，2018 年上海市城镇化率列第一位，城镇化率达到 88.1%；泰州市列最后一位，城镇化率为 66.0%。城镇化率在 80% 以上的城市有上海市和南京市 2 个城市，城镇化率在 70%～

[①] 由于苏州市、扬州市、宁波市、嘉兴市和台州市数据缺失较多，本节只分析 11 个城市。

80%的有镇江市、无锡市、常州市、杭州市4个城市,城镇化率在60%～70%的有泰州市、南通市、湖州市、舟山市和绍兴市5个城市。从增长幅度来看,杭州市城镇化率显著提高,2018年城镇化率比2007年增加了29.2个百分点,增长幅度最大;南京市城镇化率增长幅度最小,为5.7个百分点,如表4-4所示。

表4-4 2007年、2018年长三角核心区11个城市城镇化率及增长幅度

城市	城镇化率（%）		2018年比2007年增长幅度（百分点）
	2007年	2018年	
上海市	69.0	88.1	19.1
南京市	76.8	82.5	5.7
镇江市	59.6	71.2	11.6
泰州市	47.6	66.0	18.4
无锡市	67.4	76.3	8.9
常州市	60.9	72.5	11.6
南通市	48.6	67.1	18.5
杭州市	48.2	77.4	29.2
湖州市	46.8	63.5	16.7
舟山市	61.9	68.1	6.2
绍兴市	56.9	66.6	9.7

4.3 人均住房面积

人均住房面积包括人均住房居住面积和人均住房建筑面积。其中,居住面积是指居民房屋的实际使用面积,是房主住房套内面积;建筑面积是指房主所持有的房产证、土地证等证件中所标注的面积,内含楼梯、电梯、水电暖井等公共区域的公摊面积等。

改革开放以来,中国政府高度重视改善居民的居住条件,加大了民用住宅建设的投资力度,近年来更是通过建设廉租房和经济适用房千方百计地解决居民住房难的问题。随着棚户区改造和危旧房改造项目的推进,许多居民家庭告别低矮、破旧、设施简陋的住房,迁入宽敞明亮、设施齐全的楼房,居住条件明显改善。人均住房面积作为衡量居民住房条件的重要指标,能够有效地反映出农村居民生活水平的变化。

4 农村发展

表4-5为2000~2015年长三角核心区14个城市农村地区人均住房面积。

表4-5 2000~2015年长三角核心区14个城市农村地区人均住房面积（单位：平方米）

城市	2000年	2001年	2002年	2003年	2004年	2005年	2006年	2007年
南京市	33.7	35.1	35.6	37.1	37.6	42.9	44.7	45.9
苏州市			62.4	62.3	62.8	64.2	65.3	66.6
扬州市			37.4	37.7	34.7	38.8	40.8	41.4
镇江市			41.9	42.7	42.9	43.9	44.6	46.1
泰州市			41.0	41.2	39.3	41.2	42.0	44.0
无锡市				52.2	53.9	55.5	58.3	58.1
常州市								
南通市			45.5	46.8	47.2	49.6	50.1	51.6
杭州市	48.0	49.0	52.7	54.7	58.9	66.0	66.5	68.0
宁波市	41.6	43.1	45.7	46.9	49.9	50.4	51.9	53.2
湖州市	39.8	40.3	45.0	45.7	40.3	49.8	50.6	51.8
嘉兴市	59.8	60.1	66.1	60.7	61.0	61.5	64.6	66.2
舟山市	38.3	40.3	41.7	42.3	43.1	44.3	45.6	46.3
绍兴市	50.5	50.9	53.4	57.5	58.2	59.3	61.0	63.1

城市	2008年	2009年	2010年	2011年	2012年	2013年	2014年	2015年
南京市	47.0	48.8	49.9	58.9	59.3	53.7	55.4	56.2
苏州市	66.9	67.6	68.0	69.0	68.3	66.3	66.0	64.5
扬州市	42.0	54.3	42.2	48.3	50.1	50.8	53.7	54.3
镇江市	47.9	48.4	48.6	53.3	56.2	54.6	55.8	55.5
泰州市	45.6	48.4	49.4	53.9	56.9	59.0	62.0	62.0
无锡市	57.7	57.7	58.5	66.0	67.6	53.8	54.3	56.3
常州市	58.7	59.5	58.4	61.5	60.3	59.3	59.7	64.0
南通市	52.5	53.5	53.6	54.2	54.6	57.6	58.6	59.3
杭州市	69.7	70.1	71.2	72.5	71.0			
宁波市	55.9	55.9	56.0	57.2	58.3			
湖州市	52.1	53.9	58.0	64.0	68.0			
嘉兴市	67.5	69.0	69.1	71.4	72.4	71.5	72.5	71.7
舟山市	47.2	48.2	48.6	48.8	49.1	49.3		
绍兴市	65.4	66.5	67.6	61.7	64.8			

注：苏州市、扬州市、镇江市、泰州市、南通市2000年和2001年，无锡市2000~2002年，常州市2000~2007年，杭州市、宁波市、湖州市、绍兴市2013~2015年，舟山市2014年和2015年数据未收集到，故空缺

4.3.1 从数字看形势

图 4-3 显示了 2003 年、2008 年、2012 年长三角核心区 13 个城市农村地区人均住房面积情况。图中显示,13 个城市农村地区人均住房面积都处于增长态势,未出现规模萎缩的城市。2012 年,嘉兴市、杭州市、苏州市列前三位。

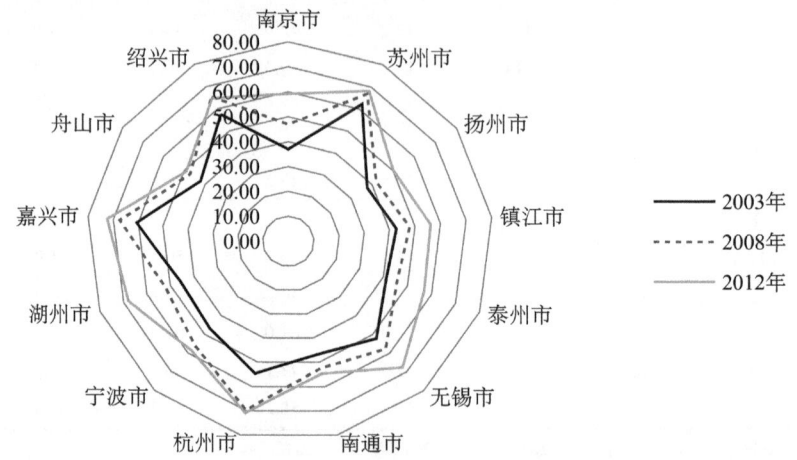

图 4-3　2003 年、2008 年、2012 年长三角核心区 13 个城市农村地区人均住房面积情况

图中数据表示人均住房面积,单位为平方米

2012 年,长三角核心区 13 个城市农村地区人均住房面积为 61.28 平方米。其中,江苏地区的苏州市、无锡市和浙江地区的杭州市、湖州市、嘉兴市、绍兴市 6 个城市高于平均水平,其余 7 个城市低于平均水平,如图 4-4 所示。

4.3.2 从增速看发展

图 4-5 显示,2003~2012 年,长三角核心区 13 个城市农村地区平均人均住房面积缓慢增长。2003 年江苏地区农村地区平均人均住房面积为 45.71 平方米,2007 年突破 50 平方米,2012 年接近 60 平方米;浙江地区农村地区平均人均住房面积总体高于江苏地区,2009 年突破 60 平方米,2012 年为 63.94 平方米。两者差距有所缩小。

4 农村发展

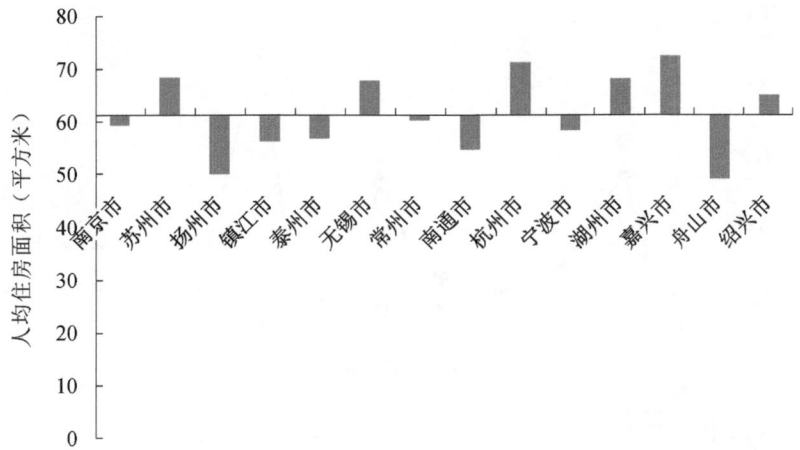

图 4-4 2012 年长三角核心区 13 个城市农村地区人均住房面积与平均值比较

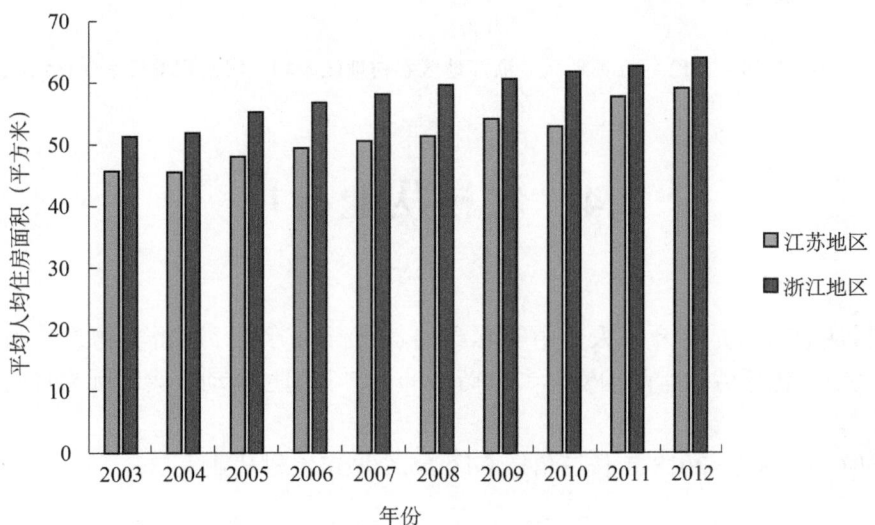

图 4-5 2003～2012 年江苏地区、浙江地区农村地区平均人均住房面积变化

2003～2012 年，江苏地区农村地区人均住房面积增长了 29%，年均增长率为 2.88%；浙江地区增长了 25%，年均增长率为 2.48%。期间，江苏地区出现负增长，浙江地区增长更为稳定，如图 4-6 所示。

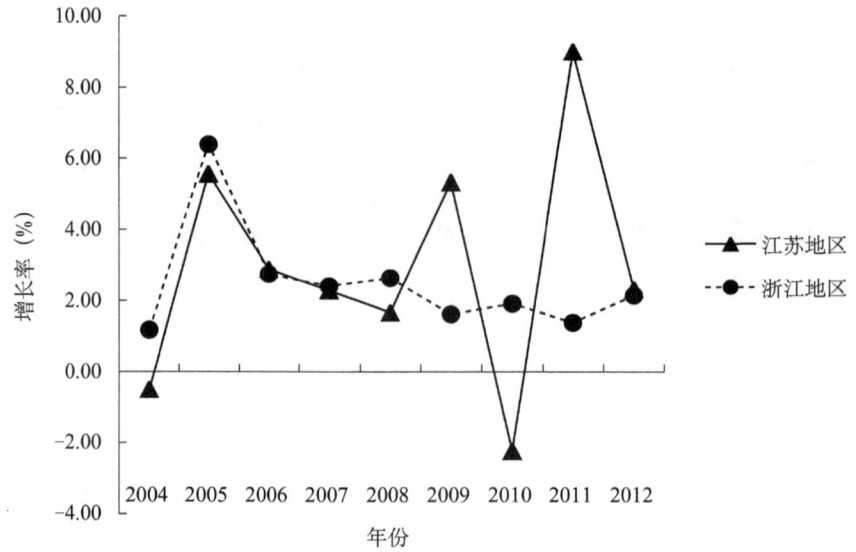

图4-6 2004～2012年江苏地区、浙江地区农村地区人均住房面积增长率变化情况

4.4 农村从业人口

农村从业人口是指乡村人口中实际参加各种行业劳动并取得实物或货币收入的劳动力人数,包括劳动年龄内实际参加劳动的人口和超过劳动年龄实际参加劳动的人口数。

表4-6为2000～2018年长三角核心区16个城市农村从业人口。

表4-6 2000～2018年长三角核心区16个城市农村从业人口(单位:万人)

城市	2000年	2001年	2002年	2003年	2004年	2005年	2006年	2007年	2008年
上海市	253.45	255	253.45	250.05	248.05	243.49	230.76	218.76	211.1
南京市	130.99	130.25	126.74	124.89	124.52	123.81	122.16	122.5	121.95
苏州市	213.75	212.22	210.55	209.42	207.60	207.20	206.90	205.49	205.94
扬州市	166.67	162.87	160.22	163.16	164.62	165.31	166.10	167.27	166.90
镇江市		100.10	99.46	97.94	96.82	97.55	96.65	96.30	97.52
泰州市	205.27	202.50	199.48	198.75	200.30	198.62	202.30	203.59	204.57

续表

城市	2000年	2001年	2002年	2003年	2004年	2005年	2006年	2007年	2008年
无锡市	155.13	154.26	156.2	158.42	161.42	158.35	148.75	145.53	140.91
常州市	128.67	125.93	124.97	124	124.8	126.86	126.57	127.99	127.59
南通市	369.19	368.11	360.62	357.89	353.96	350.39	342.09	340.20	336.53
杭州市	247.11	250.11	253.24	251.95	254.66	267.05	266.68	266.32	260.16
宁波市	257.44	266.14	270.14	297.84	306.15	324.92	320.85	317.16	305.56
湖州市	108.79	112.41	113.15	113.16	114.16	114.66	115.82	116.92	118.13
嘉兴市	148.01	152.06	150.06	147.6	149.41	153.43	156.57	158.35	154.01
舟山市	41.96	40.75	39.41	39.04	37.82	37.24	36.91	38.2	39.38
台州市	291.49	302.2	306.03	307.04	307.75	309.44	310.61	316.38	313.59
绍兴市	201.3	211.98	211.08	216.07	214.93	216.99	216.01	220.11	223.39

城市	2009年	2010年	2011年	2012年	2013年	2014年	2015年	2016年	2017年	2018年
上海市	205.72	188.7	188.32	187.45	181.21	168.45	260.09	256.67	154.83	147.26
南京市	121.01	121.49	122.03	121.4	120.24	119.21	117.8	117	114.6	112.7
苏州市	199.99	190.42	184.77	179.54	176.85	174.76	173.30	171.89	171.54	171.58
扬州市	169.20	177.14	181.05	180.62	180.78	182.48	180.65	181.49	181.66	180.59
镇江市	98.56	100.06	99.70	99.11	99.16	99.94	101.36	101.27	100.49	100.24
泰州市	205.95	207.48	209.74	210.25	211.64	211.48	211.37	212.34	208.59	215.26
无锡市	137	130.79	120.44	117.24	115.1	112.77	112.31	109.81	111.64	112.16
常州市	129.6	133.95	132.81	129.93	128.33	130.5	129.4	128.05	127.73	127.37
南通市	333.94	327.42	317.41	312.42	306.30	302.30	301.65	299.84	298.93	297.53
杭州市	259.32	261.77	262.1	257.3	279.91	286.01	284.73	281.76	282.19	270.84
宁波市	304.12	306.32	306.36	293.79	312.07	304.88	298.87	296.48	293.82	293.28
湖州市	118.78	119.42	120.32	120.99	124.89	123.22	123.58	120.24	116.78	116.71
嘉兴市	157.1	159.29	163.27	166.08	168.03	179.29	179.73	176.64	175.27	172.2
舟山市	39.3	40.41	41.65	40.61	42.49	49	47.39	47.3	46.48	45.82
台州市	312.98	317.56	320.37	327.06	345.04	344.21	342.94	319.41	318.11	313.48
绍兴市	226.67	227.98	230.45	233.93	239.22	236.36	231.4	226.48	221.67	220.43

注：镇江市2000年数据未收集到，故空缺

4.4.1 从数字看形势

表4-7展示了2018年长三角核心区16个城市农村从业人口及增长情况。2018年

长三角核心区 16 个城市农村从业人口为 2897.45 万人。其中，台州市农村从业人口最多，为 313.48 万人，舟山市农村从业人口最少，为 45.82 万人。

表 4-7　2018 年长三角核心区 16 个城市农村从业人口及增长情况

城市	农村从业人口		2018 年比 2001 年增长倍数（倍）	2001～2018 年年均增长率（%）
	总量（万人）	占比（%）		
上海市	147.26	5.08	−0.42	−3.18
南京市	112.7	3.89	−0.13	−0.85
苏州市	171.58	5.92	−0.19	−1.24
扬州市	180.59	6.23	0.11	0.61
镇江市	100.24	3.46	0.00	0.01
泰州市	215.26	7.43	0.06	0.36
无锡市	112.16	3.87	−0.27	−1.86
常州市	127.37	4.40	0.01	0.07
南通市	297.53	10.27	−0.19	−1.24
杭州市	270.84	9.35	0.08	0.47
宁波市	293.28	10.12	0.10	0.57
湖州市	116.71	4.03	0.04	0.22
嘉兴市	172.2	5.94	0.13	0.73
舟山市	45.82	1.58	0.12	0.69
台州市	313.48	10.82	0.04	0.22
绍兴市	220.43	7.61	0.04	0.23
总计	2897.45	100.00	−0.05	−0.30

2018 年，长三角核心区 16 个城市平均农村从业人口为 181.09 万人。其中，江苏地区的泰州市、南通市和浙江地区的杭州市、宁波市、台州市、绍兴市 6 个城市高于平均水平，其余 10 个城市低于平均水平（图 4-7）。高于平均水平的 6 个城市的农村从业人口为 1610.82 万人，占长三角核心区农村从业总人口的 55.59%。

图 4-8 为 2004 年、2010 年、2017 年长三角核心区 16 个城市农村从业人口情况。图中显示，2004～2017 年，除上海市、苏州市、南通市、无锡市有较大波动外，其余 12 个城市的变化不明显，其农村从业人口比较平稳。上海市、苏州市、南通市、无锡市农村从业人口呈现出逐年递减的趋势。

4 农村发展

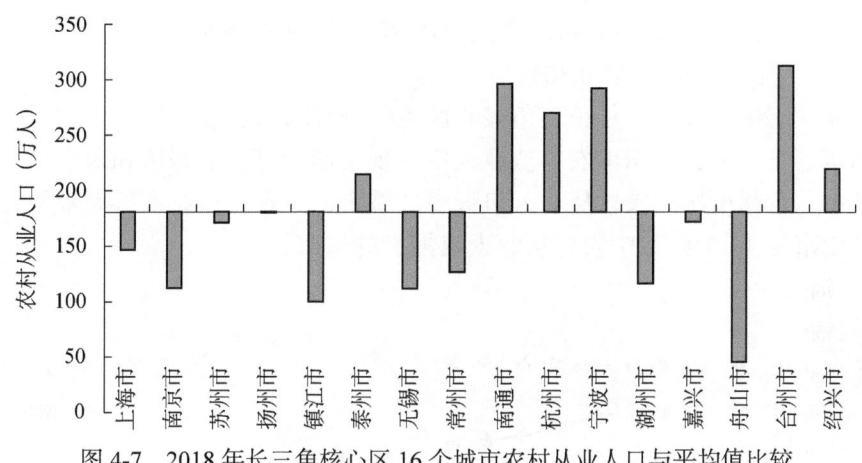

图 4-7 2018 年长三角核心区 16 个城市农村从业人口与平均值比较

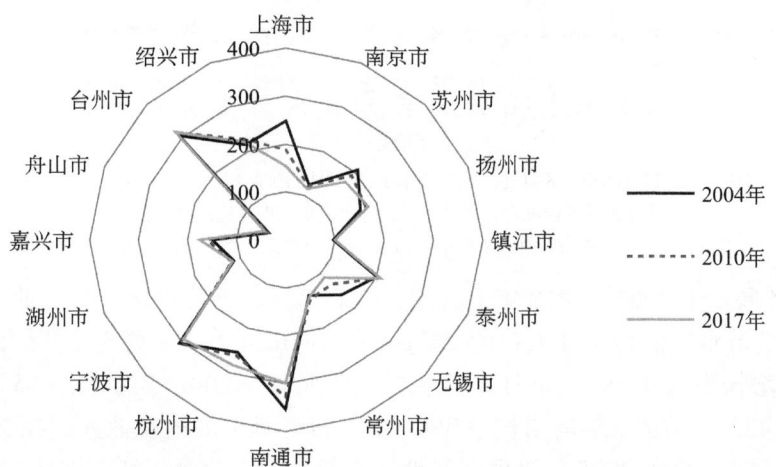

图 4-8 2004 年、2010 年、2017 年长三角核心区 16 个城市农村从业人口情况
图中数字表示农村从业人口，单位为万人

4.4.2 从增速看发展

长三角核心区 16 个城市农村从业人口由 2001 年的 3046.89 万人减少至 2018 年的 2897.45 万人，年均增长率为-0.30%。

图 4-9 为 2000~2018 年长三角核心区主要城市农村从业人口变化情况。图中显示，杭州市、舟山市、台州市农村从业人口呈现增加趋势，上海市和南京市呈现下降趋势。其中，台州市作为农村从业人口最多的城市，其农村从业人口大幅领先于其他城市，舟山市是 16 个城市中农村从业人口最少的城市。

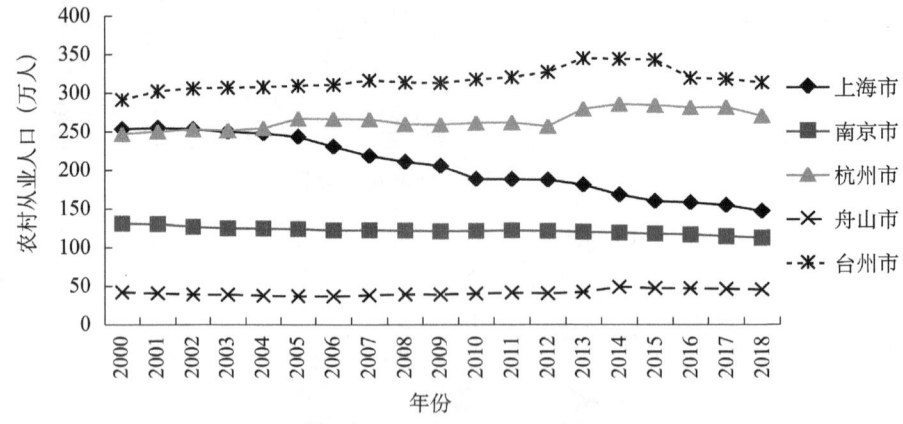

图 4-9　2000~2018 年长三角核心区主要城市农村从业人口变化情况
图中主要城市选择标准在于上海市为直辖市、南京市与杭州市为省会城市，
需包含在内，台州市和舟山市分别是 2018 年的最大值和最小值，具有比较意义

图 4-10 展示了 2001~2018 年上海市、江苏地区、浙江地区农村从业人口情况。图中显示，江苏地区农村从业人口由 2001 年的 1456.24 万人下降至 2018 年的 1317.43 万人，年均增长率为-0.59%。浙江地区农村从业人口由 2001 年的 1335.65 万人上升至 2018 年的 1432.76 万人，年均增长率为 0.41%。江苏地区农村从业人口在 2005 年以前高于浙江地区，但是在 2005 年以后浙江地区农村从业人口高于江苏地区，并在 2012~2014 年实现了较快速度的增长。

图 4-11 显示了 2002~2018 年上海市、江苏地区、浙江地区农村从业人口增长率变化情况。从图中可以看出，江苏地区、浙江地区都呈现出波动中趋于 0 的趋势。上海市农村从业人口规模较小，增长率波动较大。江苏地区在 2015 年以前，其增长率除 2008 年均低于浙江地区，在 2015 年以后其增长率高于浙江地区。

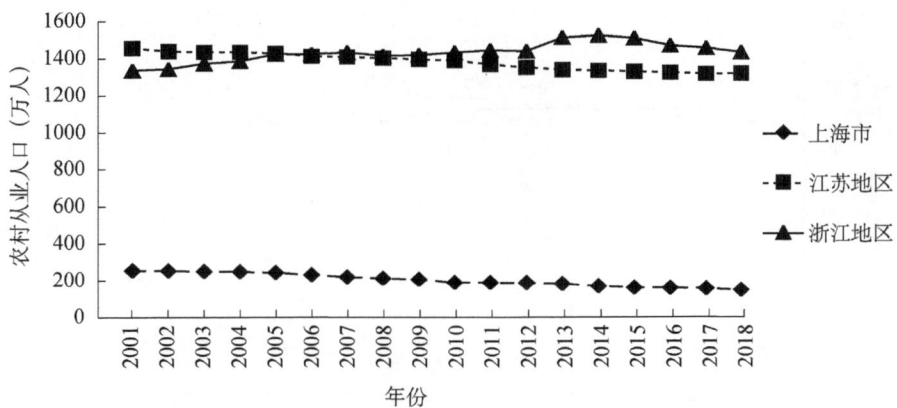

图 4-10　2001～2018 年上海市、江苏地区、浙江地区农村从业人口情况

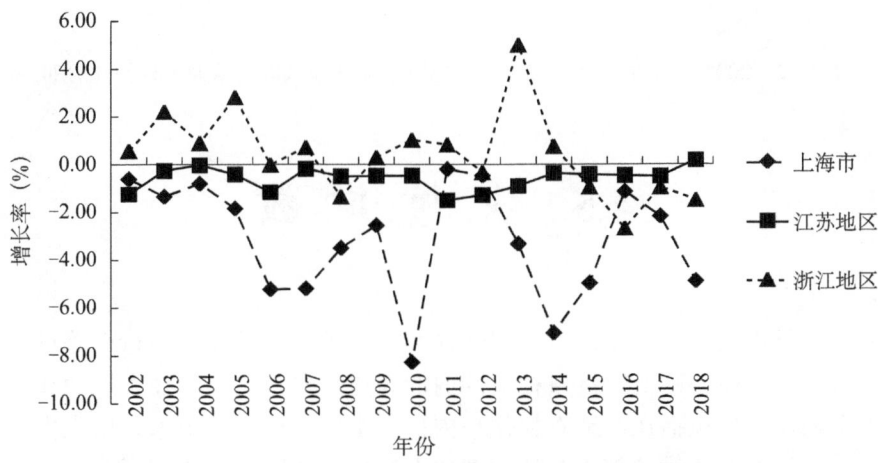

图 4-11　2002～2018 年上海市、江苏地区、浙江地区农村从业人口增长率变化情况

4.4.3　从结构看特征

图 4-12 展示了 2001～2018 年上海市、江苏地区、浙江地区农村从业人口占比情况。从图中可以看出，上海市和江苏地区农村从业人口占长三角核心区的比重波动式下降，浙江地区农村从业人口占比呈现出波动式上升的趋势。在 2006 年以后浙江地区农村从业人口占长三角核心区的比重高于江苏地区。

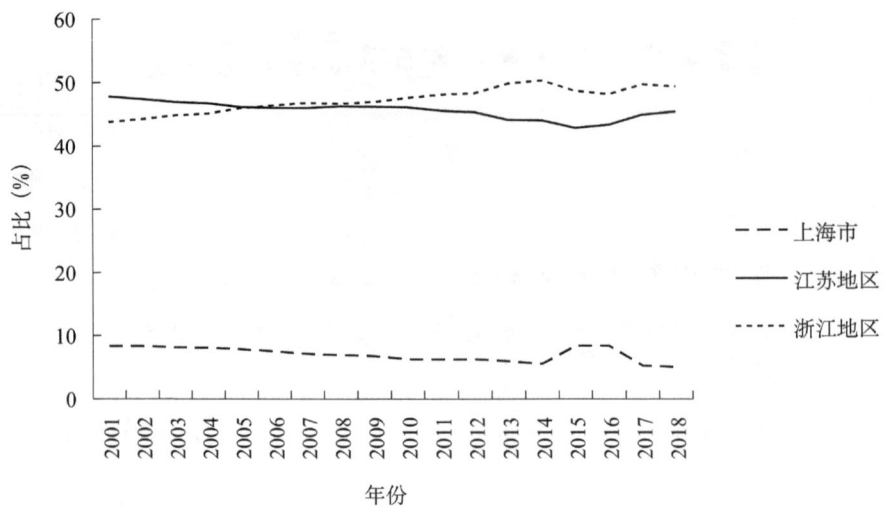

图 4-12　2001~2018 年上海市、江苏地区、浙江地区农村从业人口占比分布

4.5　农 村 户 数

农村户数是指长期（一年以上）居住在乡镇（不包括城关镇）行政管理区域内的住户，以及居住在城关镇所辖行政村范围内的农村住户。户口不在本地而在本地居住一年及以上的住户也包括在本地农村住户内；有本地户口，但举家外出谋生一年以上的住户，无论是否保留耕地都不包括在本地农村住户范围内。不包括乡村地区内的国有经济的机关、团体、学校、企业、事业单位的集体户。

表 4-8 为 2000~2018 年长三角核心区 16 个城市农村户数。

表 4-8　2000~2018 年长三角核心区 16 个城市农村户数　（单位：万户）

城市	2000年	2001年	2002年	2003年	2004年	2005年	2006年	2007年	2008年
上海市	115.17	115.77	115.17	114.06	112.84	111.07	121.11	101.6	96.52
南京市	70.86	70.9	70.64	69.4	69.28	68.7	66.43	65.94	65.36
苏州市	119.79	120.24	120.44	120.02	112.81	114.64	111.51	110.63	110.84
扬州市	97.79	98.76	98.91	99.77	99.87	100.32	98.03	94.54	94.41
镇江市		59.08	58.95	58.80	58.61	59.42	60.16	57.58	57.69

续表

城市	2000年	2001年	2002年	2003年	2004年	2005年	2006年	2007年	2008年
泰州市	117.76	117.99	117.94	117.92	118.71	119.73	120.56	119.48	119.85
无锡市		94.99	94.45	94.23	95.41	91.55	83.67	81.54	79.7
常州市	80.41	80.84	81.77	82.33	80.18	79.98	78.93	78.29	78.61
南通市	214.45	215.53	215.87	215.84	215.57	215.70	214.40	214.10	214.28
杭州市	118.11	118.03	132.09	135.81	138.53	139.85	137.01	136.89	131.87
宁波市	140.4	151.7	153.73	168.06	181.95	193.67	194.05	186.59	179.23
湖州市		55.09	55.61	56.28	57.31	58.08	58.82	59.85	60.89
嘉兴市	68.71	70.61	70.11	68.89	70.91	72.16	73.66	73.93	72.57
舟山市	24.63	24.07	23.55	23.26	23.42	23.54	22.71	23.18	23.53
台州市	146.93	151.64	155.05	154.32	156.98	158.38	158.86	163.1	164.44
绍兴市	116.6	125.25	126.61	128.36	129.13	130.87	127.38	130.15	134.08

城市	2009年	2010年	2011年	2012年	2013年	2014年	2015年	2016年	2017年	2018年
上海市	95.2	114.22	119.02	112.08	107.05	98.54	99.2	99.13	100.22	95.68
南京市	65.11	65.21	64.84	64.22	64.18	64.67	64.03	63.25	61.95	62.68
苏州市	104.05	97.63	94.11	91.42	90.11	89.08	88.32	87.50	87.33	87.34
扬州市	95.23	102.07	103.47	102.61	102.72	101.81	101.18	100.85	100.53	100.22
镇江市	57.97	58.19	58.32	57.60	57.71	57.84	58.04	57.57	56.75	57.18
泰州市	120.24	121.92	121.59	120.53	119.70	119.87	119.29	119.19	116.62	119.42
无锡市	77.47	72.49	66.3	64.51	63.32	62.5	62.45	59.91	59.51	59.57
常州市	78.57	78.72	78	76.17	75.32	74.65	73.69	72.68	71.44	71.29
南通市	213.53	212.61	206.53	204.58	202.42	200.68	200.04	198.67	197.36	197.17
杭州市	131.46	131.82	132.94	129.29	132.18	131.96	132.15	132	131.53	127.6
宁波市	181.21	180.48	180.19	174.84	175.29	175.19	174.71	173.92	174.21	177.4
湖州市	61.01	61.26	61.58	61.93	63.93	62.86	63.36	62.55	62.75	62.14
嘉兴市	72.95	74.69	74.93	75.92	75.33	74.15	74.23	73.08	72.03	71.52
舟山市	23.55	23.74	24.04	23.9	23.72	23.79	23.87	24.13	23.93	23.75
台州市	163.59	163.95	164.73	166.31	169.71	171.12	172.22	163.69	163.52	161.86
绍兴市	135.18	137.61	138.6	139.12	144.01	140.4	139.51	137.45	133.67	133.12

注：镇江市、无锡市、湖州市2000年数据未收集到，故空缺

4.5.1 从数字看形势

表 4-9 展示了 2018 年长三角核心区 16 个城市农村户数及增长情况。2018 年长三角核心区 16 个城市农村户数为 1607.94 万户。其中，南通市农村户数最多，为 197.17 万户，舟山市农村户数最少，为 23.75 万户。

表 4-9 2018 年长三角核心区 16 个城市农村户数及增长情况

城市	农村户数 总量（万户）	农村户数 占比（%）	2018 年比 2001 年增长倍数（倍）	2001~2018 年年均增长率（%）
上海市	95.68	5.95	−0.17	−1.11
南京市	62.68	3.90	−0.12	−0.72
苏州市	87.34	5.43	−0.27	−1.86
扬州市	100.22	6.23	0.01	0.09
镇江市	57.18	3.56	−0.03	−0.19
泰州市	119.42	7.43	0.01	0.07
无锡市	59.57	3.70	−0.37	−2.71
常州市	71.29	4.43	−0.12	−0.74
南通市	197.17	12.26	−0.09	−0.52
杭州市	127.6	7.94	0.08	0.46
宁波市	177.4	11.03	0.17	0.92
湖州市	62.14	3.86	0.13	0.71
嘉兴市	71.52	4.45	0.01	0.08
舟山市	23.75	1.48	−0.01	−0.08
台州市	161.86	10.07	0.07	0.38
绍兴市	133.12	8.28	0.06	0.36
总计	1607.94	100.00	−0.04	−0.22

2018 年，长三角核心区 16 个城市平均农村户数为 100.50 万户。其中，江苏地区的泰州市、南通市和浙江地区的杭州市、宁波市、台州市、绍兴市 6 个城市高于平均水平，其余 10 个城市低于平均水平（图 4-13）。高于平均水平的 6 个城市的农村户数为 916.57 万户，占长三角核心区农村总户数的 57.00%。

4 农村发展

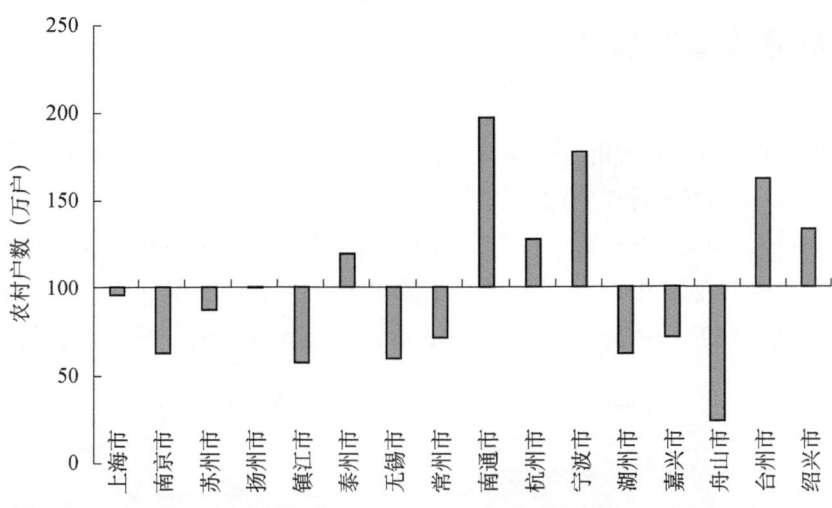

图 4-13　2018 年长三角核心区 16 个城市农村户数与平均值比较

图 4-14 为 2004 年、2010 年、2017 年长三角核心区 16 个城市农村户数情况。图中显示，2004~2017 年，部分城市如南京市、苏州市、无锡市等波动较大，部分城市变化不明显，农村户数比较平稳，如扬州市、镇江市等。

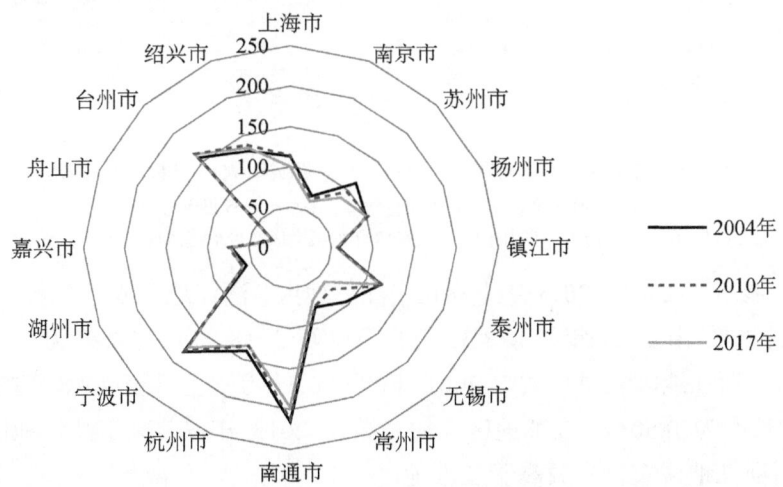

图 4-14　2004 年、2010 年、2017 年长三角核心区 16 个城市农村户数情况

图中数字表示农村户数，单位为万户

4.5.2 从增速看发展

长三角核心区 16 个城市的农村户数由 2001 年的 1670.49 万户减少至 2018 年的 1607.94 万户，年均增长率为-0.22%。

图 4-15 为 2000～2018 年长三角核心区主要城市农村户数变化情况。图中显示，除杭州市外其他城市都呈现出缓慢下降的趋势。其中，南通市作为农村户数最多的城市，其农村户数大幅领先于其他城市，舟山市是 16 个城市中农村户数最少的城市。

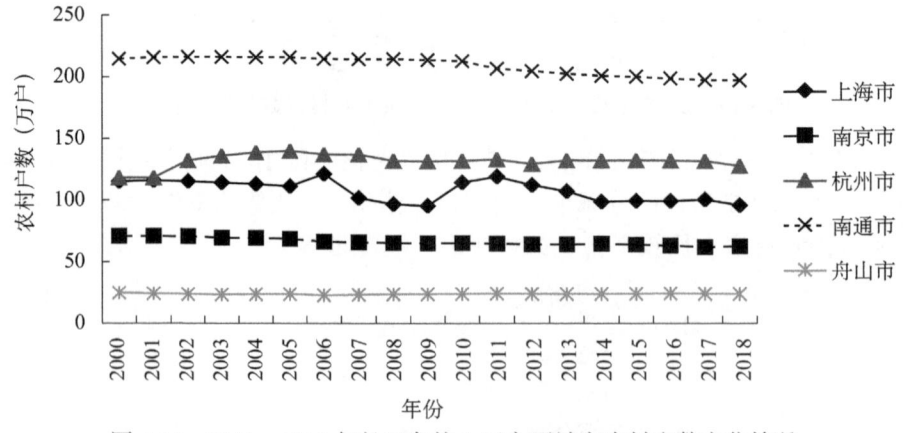

图 4-15　2000～2018 年长三角核心区主要城市农村户数变化情况
图中主要城市选择标准在于上海市为直辖市、南京市与杭州市为省会城市，需包含在内，南通市和舟山市分别是 2018 年的最大值和最小值，具有比较意义

图 4-16 展示了 2001～2018 年上海市、江苏地区、浙江地区农村户数。图中显示，江苏地区农村户数由 2001 年的 858.33 万户下降至 2018 年的 754.87 万户，年均增长率为-0.75%。浙江地区农村户数由 2001 年的 696.39 万户上升至 2018 年的 757.39 万户，年均增长率为 0.50%。江苏地区农村户数在 2013 年以前高于浙江地区，但是在 2013 年以后浙江地区农村户数高于江苏地区。

图 4-17 显示了 2002～2018 年上海市、江苏地区、浙江地区农村户数增长率变化情况。从图中可以看出，江苏地区、浙江地区都呈现出波动中趋于 0 的趋势。上海市农村户数规模较小，增长率波动较大。

4 农村发展

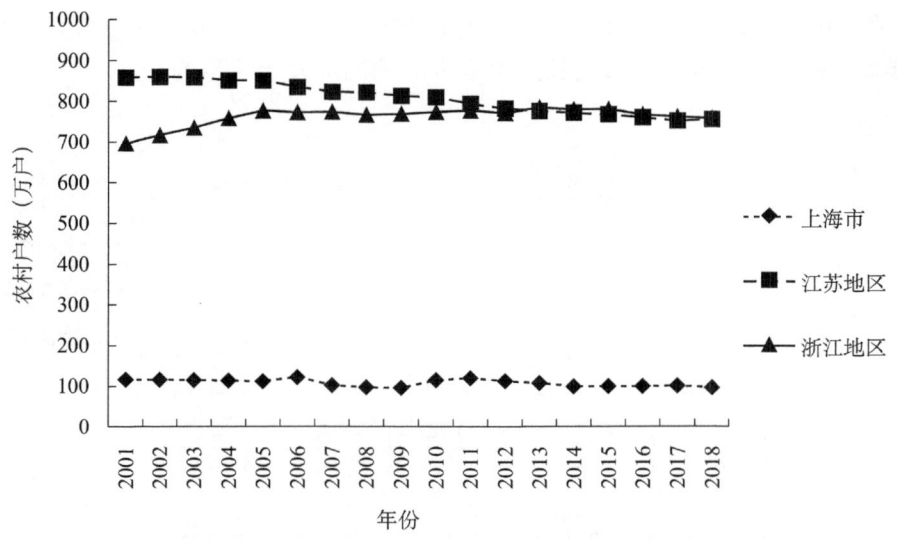

图 4-16　2001~2018 年上海市、江苏地区、浙江地区农村户数

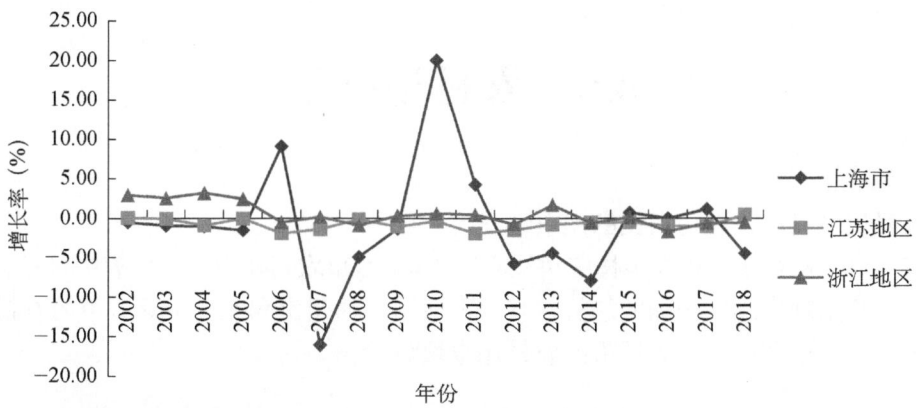

图 4-17　2002~2018 年上海市、江苏地区、浙江地区农村户数增长率变化情况

4.5.3　从结构看特征

　　图 4-18 展示了 2001~2018 年上海市、江苏地区、浙江地区农村户数占比情况。从图中可以看出，2001~2018 年，上海市农村户数占长三角核心区的比重波动式下降，江苏地区农村户数占比呈现出波动下滑的趋势，浙江地区农村户数占比呈现出上升的

趋势。在 2012 年以前，江苏地区农村户数占长三角核心区的比重大于浙江地区，在 2012 年以后浙江地区农村户数占长三角核心区的比重大于江苏地区。

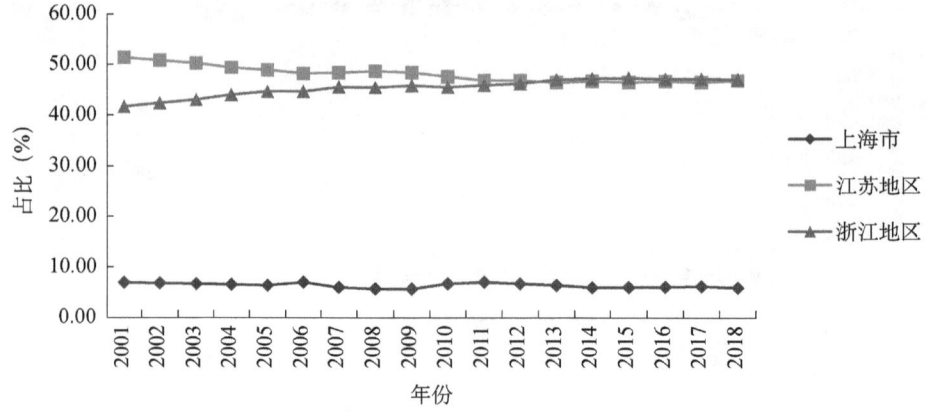

图 4-18　2001～2018 年上海市、江苏地区、浙江地区农村户数占比分布

4.6　农村用电量

农村用电量反映农村居民的用电情况。

表 4-10 为 2000～2018 年长三角核心区 16 个城市农村用电量。从表中可见，几乎所有城市都呈现出逐年增加的趋势，其中上海市、苏州市和无锡市等城市的农村用电量较多，舟山市和湖州市等城市的农村用电量较少。

表 4-10　2000～2018 年长三角核心区 16 个城市农村用电量　（单位：亿千瓦小时）

城市	2000 年	2001 年	2002 年	2003 年	2004 年	2005 年	2006 年	2007 年	2008 年
上海市	73.19	79.66	81.79	89.7	114.35	124.53	143.54	171.68	178.05
南京市	10.51	11.09	12.32	15.04	17.49	21.01	23.51	25.15	25.46
苏州市	83.60	99.13	126.65	163.33	224.55	280.23	366.47	398.15	422.93
扬州市		13.09	14.19	16.31	19.15	22.23	26.37	30.21	31.64
镇江市		14.5	15.3	18.52	22.69	28.92	34.05	39.43	44.69
泰州市	15.95	19.86	20.69	25.61	32.47	37.81	47.06	65.99	73.89
无锡市	68.44	68.44	107.2	136.19	172.39	199.78	236.06	278.27	286.74

4 农村发展

续表

城市	2000年	2001年	2002年	2003年	2004年	2005年	2006年	2007年	2008年
常州市	35.29	38.03	41.33	54.88	71.98	91.15	110.83	122.47	130.57
南通市	26.62	28.16	31.06	36.98	47.57	57.28	68.68	84.83	101.5
杭州市	37.79	43.9	54.79	67.94	65.98	76.66	85.38	95.77	97.07
宁波市	45.36	51.26	63.07	76.61	84.65	101.18	115.36	138.25	141.94
湖州市	17.61	18.59	19.97	22.53	24.29	27.55	29.82	31.46	33.37
嘉兴市	30.73	33.72	38.49	46.39	49.65	55.62	65.06	71.91	75.84
舟山市	2.92	3.05	3.4	5.02	5.38	8	8.95	10.54	10.59
绍兴市	48.73	56.33	71.09	84.28	96.53	119.98	130.53	143.24	144.74
台州市	22.78	23.75	29.99	34.7	37.24	46.81	50.67	57.28	63.32

城市	2009年	2010年	2011年	2012年	2013年	2014年	2015年	2016年	2017年	2018年
上海市	191.8	195.48	800.96	819.71	874.38	885.6	919.2	983.2	1013.2	1053.4
南京市	26.36	28.62	30.11	30.8	31.53	31.81	32.01	32.08	32.37	32.08
苏州市	435.93	486.29	524.91	556.09	581.70	581.42	596.11	609.78	603.52	599.55
扬州市	35.72	39.74	48.88	52.79	57.63	60.03	60.96	61.14	59.73	60.79
镇江市	45.12	53.97	67.31	72.15	78.81	79.15	79.82	77.44	69.46	75.92
泰州市	79.26	84.91	92.48	105.77	114.22	122.04	120.77	124.44	129.21	134.58
无锡市	289.9	337.12	370.65	372.58	384.97	390.35	385.82	394.38	411.48	422.58
常州市	139.28	155.94	151.58	157.35	176.25	177.46	160.65	156.59	155.04	169.43
南通市	108.65	120.94	134.43	144.52	154.84	159.47	163.59	170.31	178.48	185.65
杭州市	98.98	109.37	112.95	109.72	108.9	110.3	108.17	109.94	113.96	110.26
宁波市	147.58	153.54	170.28	173.8	185.26	183.27	186.63	177.06	178.13	186.52
湖州市	33.8	35.32	36.97	37.12	37.8	36.59	36.92	37.58	37.7	37.68
嘉兴市	79.67	85.67	94.95	101.14	111.39	115.3	114.87	128.17	135.37	144.43
舟山市	10.56	10.7	11.65	12.23	12.85	13.46	14.14	14.26	15.25	16.23
绍兴市	153.16	168.1	186.37	195.27	203.74	196.08	188.9	189.68	214.62	225.37
台州市	70.62	80.77	92.02	95.77	102.44	103.32	103.16	109.09	115.66	120.04

注：扬州市和镇江市2000年数据未收集到，故空缺

4.6.1 从数字看形势

2018年，长三角核心区16个城市农村用电量达到3574.51亿千瓦时。其中，

上海市农村用电量为 1053.4 亿千瓦时，占比为 29.47%；江苏地区农村用电量为 1680.58 亿千瓦时，占比为 47.02%；浙江地区农村用电量为 840.53 亿千瓦时，占比为 23.51%。16 个城市中，上海市以 1053.4 亿千瓦时列第一位，舟山市列最后一位（表 4-11）。

表 4-11　2018 年长三角核心区 16 个城市农村用电量及增长情况

城市	农村用电量		2018 年比 2001 年增长倍数（倍）	2001~2018 年年均增长率（%）
	总量（亿千瓦时）	占比（%）		
上海市	1053.4	29.47	12.22	16.40
南京市	32.08	0.90	1.89	6.45
苏州市	599.55	16.77	5.05	11.17
扬州市	60.79	1.70	3.64	9.45
镇江市	75.92	2.12	4.24	10.23
泰州市	134.58	3.76	5.78	11.91
无锡市	422.58	11.82	5.17	11.30
常州市	169.43	4.74	3.46	9.19
南通市	185.65	5.19	5.59	11.73
杭州市	110.26	3.08	1.51	5.57
宁波市	186.52	5.22	2.64	7.89
湖州市	37.68	1.05	1.03	4.24
嘉兴市	144.43	4.04	3.28	8.93
舟山市	16.23	0.45	4.32	10.33
绍兴市	225.37	6.30	3.00	8.50
台州市	120.04	3.36	4.05	10.00
总计	3574.51	100.00	4.93	11.04

2018 年，长三角核心区 16 个城市平均农村用电量为 233.41 亿千瓦时。其中，上海市、苏州市和无锡市 3 个城市高于平均水平，其余 13 个城市低于平均水平，如图 4-19 所示。

图 4-20 为 2002 年、2010 年、2018 年长三角核心区 16 个城市农村用电量情况。图中显示，从 2002 年到 2010 年再到 2018 年，各城市农村用电量均在增加。

4 农村发展

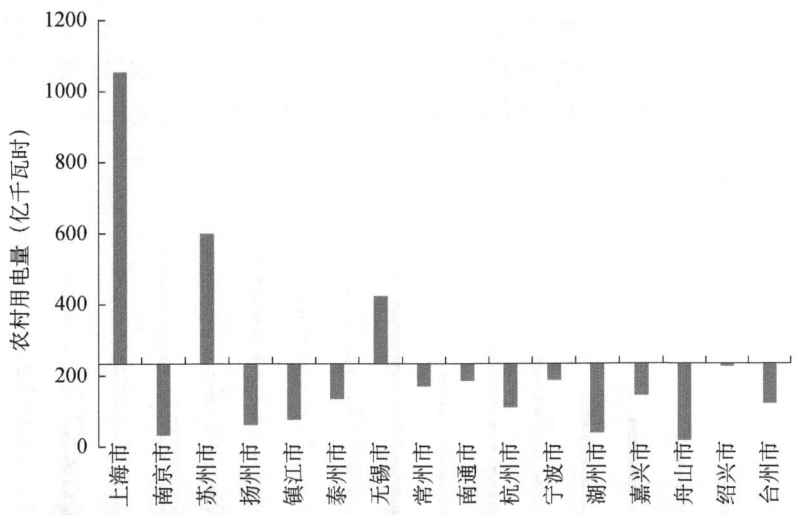

图 4-19　2018 年长三角核心区 16 个城市农村用电量与平均值比较

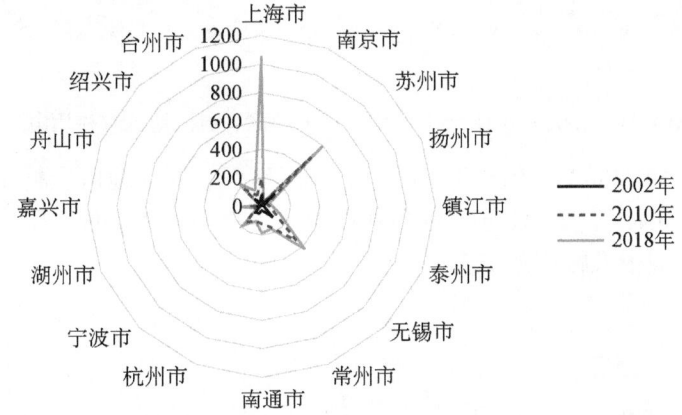

图 4-20　2002 年、2010 年、2018 年长三角核心区 16 个城市农村用电量情况
图中数字表示农村用电量，单位为亿千瓦时

4.6.2　从增速看发展

长三角核心区 16 个城市的农村用电量由 2001 年的 602.56 亿千瓦时上升到 2018 年的 3574.51 亿千瓦时，年均增长率为 11.04%。

如图 4-21 所示，上海市农村用电量由 2001 年的 79.66 亿千瓦时上升到 2018 年的

1053.40亿千瓦时，年均增长率为16.40%；江苏地区农村用电量由2001年的292.30亿千瓦时上升到2018年的1680.58亿千瓦时，年均增长率为10.84%；浙江地区农村用电量由2001年的230.60亿千瓦时上升到2018年的840.53亿千瓦时，年均增长率为7.90%。

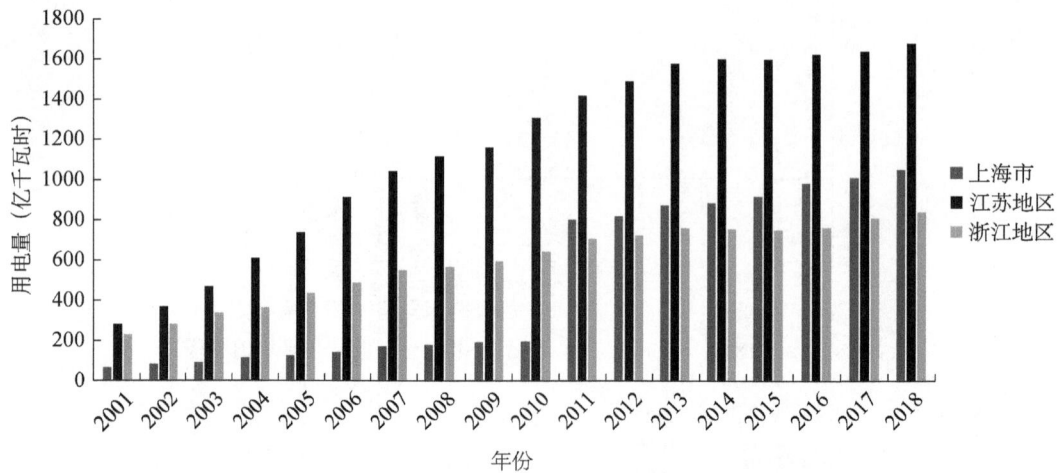

图4-21 2001～2018年上海市、江苏地区、浙江地区农村用电量

图4-22显示了2002～2018年上海市、江苏地区、浙江地区农村用电量增长率变化情况。从图中可以看出，江苏地区和浙江地区增长率总体呈现下降趋势。2011年，上海市增长率出现很大幅度的提升。

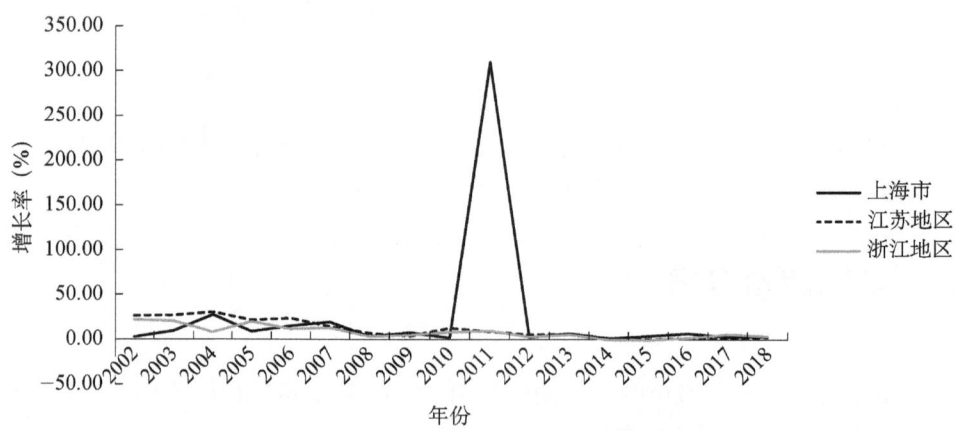

图4-22 2002～2018年上海市、江苏地区、浙江地区农村用电量增长率变化情况

4.6.3 从结构看特征

图 4-23 展示了 2001～2018 年上海市、江苏地区、浙江地区农村用电量占长三角核心区农村用电量的比重。从图中可以看出，上海市农村用电量占长三角核心区农村用电量的比重最小，后逐步超过浙江地区，达到 30%左右；江苏地区农村用电量占长三角核心区农村用电量的比重最大，在 47%～61%；浙江地区农村用电量占长三角核心区农村用电量的比重居中，在 22%～39%。

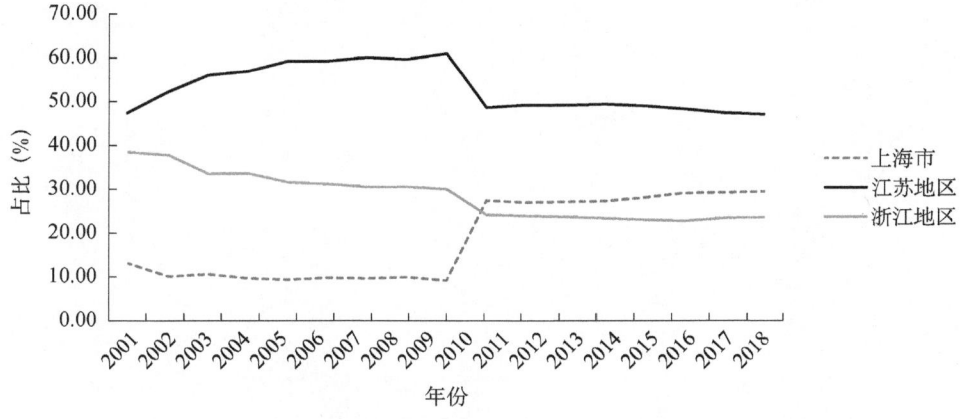

图 4-23　2001～2018 年上海市、江苏地区、浙江地区农村用电量占比分布

5 农民收支

5.1 农民收入

纯收入是指农村居民当年从各个来源渠道得到的总收入,相应地扣除获得收入所发生的费用后的收入总和。农民人均纯收入是指按农村人口平均的农民纯收入,反映的是一个国家或地区农村居民收入的平均水平。

农村居民人均可支配收入是反映我国农村经济发展情况的重要指标,对农村居民消费能力具有很大影响,能够充分反映农村社会经济发展和农村居民生活状况。

表5-1展示了2000~2017年长三角核心区16个城市农村居民人均可支配收入。从表中可见,绍兴市2013年农村居民人均可支配收入异常下降之后又进入上升通道,上海市、湖州市和杭州市持续上涨,其他城市总体上涨,个别年份持平。

表5-1 2000~2017年长三角核心区16个城市农村居民人均可支配收入(单位:元)

城市	2000年	2001年	2002年	2003年	2004年	2005年	2006年	2007年	2008年	2009年
上海市	5 565	5 850	6 212	6 658	7 337	8 342	9 213	10 222	11 385	12 324
南京市	4 062	4 311	4 579	4 923	5 533	6 225	7 045	8 020	7 033	9 858
苏州市	5 462	5 796	6 140	6 680	7 503	8 393	9 278	10 475	8 443	12 969
扬州市	3 464	3 690	3 926	4 172	4 677	5 215	5 813	6 586	5 447	8 295
镇江市		4 191	4 452	4 733	5 306	6 717	6 717	7 668	6 580	9 642
泰州市			3834	4 079	4 574	5 695	5 695	6 469	7 338	8 180
无锡市		5 524	5 860	6 329	7 115	8 880	8 880	10 026		12 403
常州市		4 719	5 138	5 550	6 235	8 001	8 001	9 033	8 128	11 198
南通市				4 393	4 929	6 106	6 106	6 905		8 696
杭州市		4 896	5 242	5 740	6 382	8 515	8 515	9 549	11 223	11 822
宁波市		5 362		6 221	7 018	8 847	8 847		9 174	12 641
湖州市		4 695	5 052	5 536	6 380	7 288	8 333	9 536	10 751	11 745
嘉兴市		5 350	5 532	6 127	7 021	8 952	8 952			12 685
舟山市				5 018		8 333	8 333			12 612
绍兴市				6 143		8 619	8 619			12 026
台州市						7 368	7 368			10 006

续表

城市	2010年	2011年	2012年	2013年	2014年	2015年	2016年	2017年
上海市	13 746	15 644	17 401	19 208	21 192	23 205	25 520	27 825
南京市	11 128	13 108	14 786	16 011	17 661	19 483	21 156	23 133
苏州市	14 657	17 226	19 396	21 578	23 560	25 580	27 691	29 977
扬州市	9 462	11 217	12 686	14 214	15 284	16 619	18 057	19 694
镇江市	10 874	12 825	14 518	16 258	17 617	19 214	20 922	22 724
泰州市	9 324	11 046	12 493	13 982	15 076	16 410	17 861	19 494
无锡市	14 002	16 438	18 509	20 587	22 266	24 155	26 158	28 358
常州市	12 637	14 838	16 737	18 643	20 133	21 912	23 780	25 835
南通市	9 914	11 730	13 231	14 754	15 821	17 267	18 741	20 472
杭州市	13 186	15 245	17 017	18 923	23 555	25 719	27 908	30 397
宁波市	14 261	16 518	18 475	20 534	24 283	26 469	28 572	30 871
湖州市	13 288	15 381	17 188	19 044	22 404	24 410	26 508	28 999
嘉兴市	14 365	16 707	18 636	20 556	23 689	26 838	28 997	30 205
舟山市	14 265	16 608	18 601	20 573	23 783	25 903	28 308	30 791
绍兴市	13 651	15 861	17 706	16 126	23 539	25 648	27 744	30 331
台州市	11 307	13 108	14 567	17 523	19 362	21 225	23 164	25 369

注：泰州市、无锡市、南通市、宁波市、嘉兴市、舟山市、绍兴市、台州市2009年前部分年份数据，镇江市、常州市、杭州市、湖州市2000年数据未收集到，故空缺

5.1.1 从数字看形势

2017年，长三角核心区农村居民人均可支配收入为26 530元。其中，上海市农村居民人均可支配收入为27 825元，位列长三角核心区中游水平，江苏地区为23 711元，浙江地区为29 566元。16个城市中，宁波市以30 871元列第一位，泰州市以19 494元列最后一位（表5-2）。

表5-2 2017年长三角核心区16个城市农村居民人均可支配收入及增长情况

城市	人均可支配收入（元）	2017年比2005年增长倍数（倍）	2005~2017年年均增长率（%）
上海市	27 825	2.34	10.56
南京市	23 133	2.72	11.56
苏州市	29 977	2.57	11.19

续表

城市	人均可支配收入（元）	2017年比2005年增长倍数（倍）	2005～2017年年均增长率（%）
扬州市	19 694	2.78	11.71
镇江市	22 724	2.38	10.69
泰州市	19 494	2.42	10.80
无锡市	28 358	2.19	10.16
常州市	25 835	2.23	10.26
南通市	20 472	2.35	10.61
杭州市	30 397	2.57	11.19
宁波市	30 871	2.49	10.98
湖州市	28 999	2.98	12.20
嘉兴市	30 205	2.37	10.67
舟山市	30 791	2.70	11.51
绍兴市	30 331	2.52	11.05
台州市	25 369	2.44	10.85
平均	26 530		

2017年，长三角核心区16个城市平均农村居民人均可支配收入为26 530元。其中，上海市和江苏地区的苏州市、无锡市以及浙江地区的杭州市、宁波市、湖州市、嘉兴市、舟山市、绍兴市9个城市高于平均水平，其余7个城市低于平均水平，如图5-1所示。

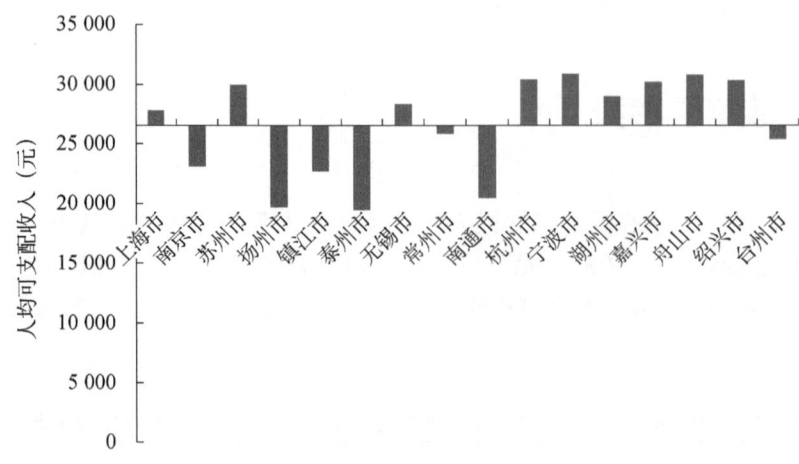

图5-1　2017年长三角核心区16个城市农村居民人均可支配收入与平均值比较

图5-2显示了2005年、2010年、2017年长三角核心区16个城市农村居民人均可支配收入情况。图中显示，16个城市农村居民人均可支配收入都处于增长态势，未出现规模萎缩的情况。

5 农民收支

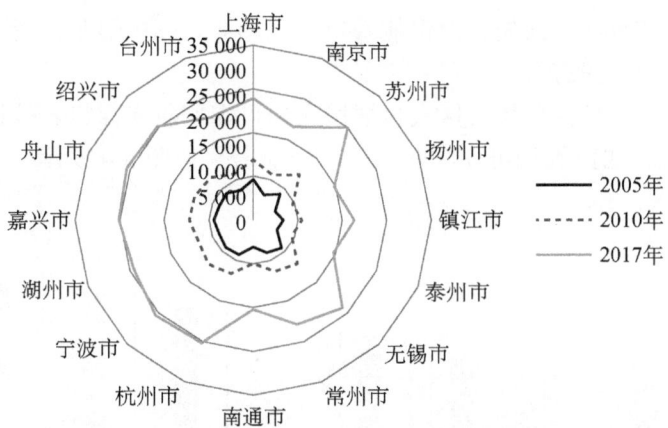

图 5-2 2005 年、2010 年、2017 年长三角核心区 16 个城市农村居民人均可支配收入情况

图中数字表示人均可支配收入，单位为元

5.1.2 从增速看发展

图 5-3 为 2001~2017 年长三角核心区主要城市农村居民人均可支配收入变化情

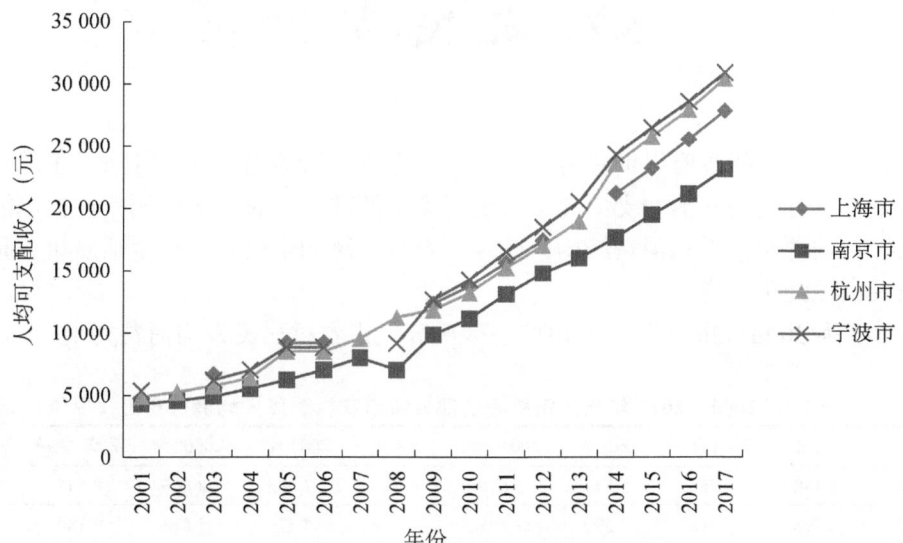

图 5-3 2001~2017 年长三角核心区主要城市农村居民人均可支配收入变化情况

图中主要城市选择标准在于上海市为直辖市、南京市与杭州市为省会城市，需包含在内，宁波市是 2017 年的最大值，具有比较意义

况。虽然部分城市数据有缺失，但仍能看出变化趋势。图中显示，所有城市除个别年份外，均保持持续上涨态势。

进入2000年，长三角核心区农村居民人均可支配收入保持着较快的增长势头，2009~2017年农村居民人均可支配收入增长较显著，如图5-4所示。

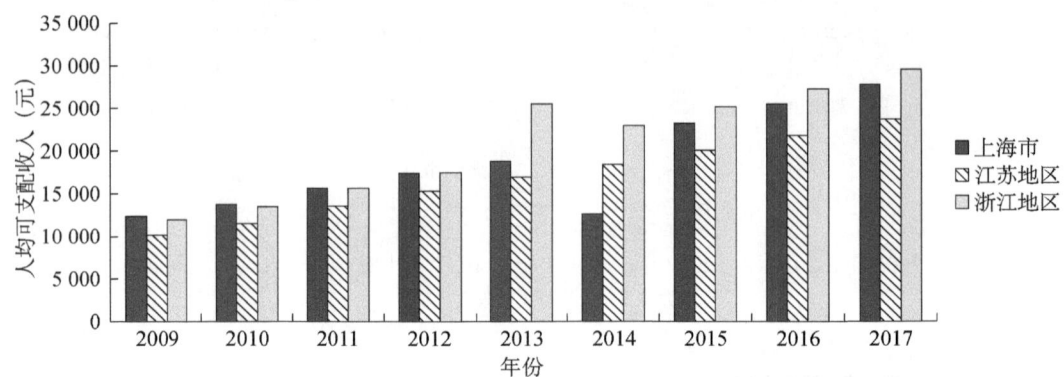

图5-4　2009~2017年上海市、江苏地区、浙江地区农村居民人均可支配收入变化情况

5.2　农民支出

消费性支出是指政府以消费者身份在市场上购买所需商品和劳务所发生的支出。消费性支出可分为公共消费支出和个人消费支出两部分。农村居民消费性支出能够反映农村居民的消费水平和消费结构，体现了农村居民的生活水平和生活质量，是衡量农村发展情况的重要指标。

表5-3为2000~2017年长三角核心区部分城市农村居民人均消费支出。

表5-3　2000~2017年长三角核心区部分城市农村居民人均消费支出（单位：元）

城市	2000年	2001年	2002年	2003年	2004年	2005年	2006年	2007年	2008年
上海市	4 138	4 753	5 311	5 670	6 329	7 265	8 006	8 845	9 115
南京市	2 498	2 518	2 590	3 153	3 619	4 376	5 512	6 180	7 033
苏州市	4 073	4 126	4 229	4 641	5 436	6 143	6 811	7 623	8 443
扬州市	2 312	2 396	2 391	2 648	3 034	3 710	4 314	4 945	5 447
镇江市		2 954	3 092	3 351	3 798	4 374	5 068	5 842	6 580

5 农民收支

续表

城市	2000年	2001年	2002年	2003年	2004年	2005年	2006年	2007年	2008年
泰州市									
无锡市	3 880	3 933	4 018	4 369	5 056	5 830	6 508	7 177	7 943
常州市		3 277	3 698	3 953	4 793	5 712	6 518	7 400	
南通市	2 897	2 776	2 907	2 976	3 342	3 858	4 313	4 911	5 653
杭州市	3 243	3 789	3 957	4 578	4 993	8 043	9 308	9 661	8 128
宁波市	3 789	4 383	4 508	4 194	6 102	6 623	7 378	8 062	
湖州市	5 069	2 898	3 226	3 696	4 212	4 821	5 327	6 172	11 223
嘉兴市	2 677	3 978	4 328	4 549	5 082	5 736	6 197		9 174
舟山市	3 644								7 046

城市	2009年	2010年	2011年	2012年	2013年	2014年	2015年	2016年	2017年
上海市	9 804	10 225	11 272	12 096	13 425	15 291	16 152	17 071	18 090
南京市	7 588	8 477	9 956	11 114	12 392	12 818	16 152	17 071	18 090
苏州市	9 354	10 397	12 485	14 381	16 251	15 390	16 761	18 820	20 297
扬州市	5 930	6 782	7 791	8 714	9 725	11 266	12 316	13 722	14 766
镇江市	7 056	7 848	9 136	10 530	11 995	13 081	14 217	15 925	17 127
泰州市	5 657	6 476	8 046	8 990	9 862	10 849	11 844	13 250	14 543
无锡市	8 832	9 790	11 239	12 795	14 147	15 114	16 469	18 463	19 998
常州市	8 843	9 924	11 208	12 027	13 563	13 529	14 764	16 567	17 849
南通市	6 448	7 240	8 510	9 839	10 931	11 051	12 052	13 440	14 637
杭州市	11 632	13 439	15 941	18 257	14 600	17 816	19 334	17 609	18 665
宁波市	9 789	9 794	11 253	12 699	13 915	16 228	17 800	19 313	20 239
湖州市	8 058	9 139	10 093	11 077	12 440	14 836	16 112	17 609	18 665
嘉兴市						16 217	17 522		20 240
舟山市							17 615		

注：镇江市、泰州市、常州市、宁波市 2009 年前部分年份数据，嘉兴市 2006 年后部分年份数据，舟山市 2000 年后部分数据未收集到，故空缺

图 5-5 显示了 2001 年、2009 年、2017 年长三角核心区 13 个城市农村居民人均消费支出情况。图中显示，各城市农村居民人均消费支出都处于增长态势，未出现规模萎缩的城市。苏州市、宁波市、无锡市位列前三。

2017 年，长三角核心区 13 个城市农村居民人均消费支出为 17 939 元。其中，上海市和江苏地区的南京市、苏州市、无锡市以及浙江地区的杭州市、宁波市、湖州市、嘉兴市 8 个城市高于平均水平，其余 5 个城市低于平均水平，如图 5-6 所示。

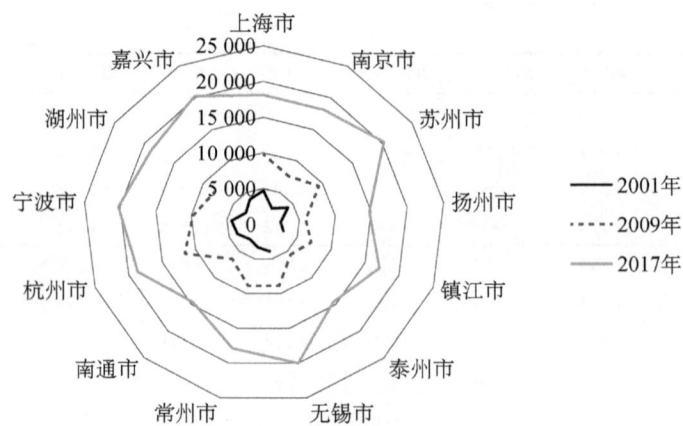

图 5-5　2001 年、2009 年、2017 年长三角核心区 13 个城市农村居民人均消费支出情况

图中数据表示人均消费支出，单位为元

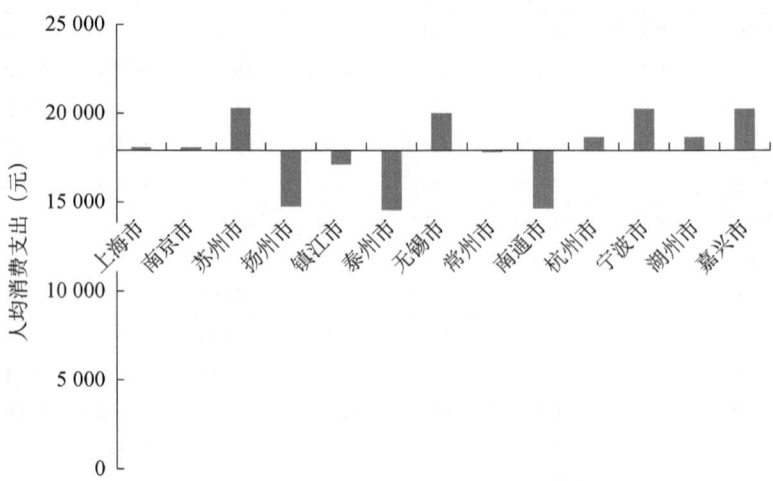

图 5-6　2017 年长三角核心区 13 个城市农村居民人均消费支出与平均值比较

后　　记

　　《长江三角洲经济社会发展数据报告·农业》依托南京大学长江三角洲经济社会发展研究中心"长江三角洲经济社会发展数据库建设"项目，是该项目2018年数据库建设计划系列成果之一。该项数据库建设，既是南京大学长江三角洲经济社会发展中心开发研究型数据资料平台的内在要求，也是中心作为高等级智库，面向全社会提供专业化服务的工作职责。

　　本报告主要由赵华、姜宁和侯毅完成。其中，姜宁教授确定了本报告的内容主旨和结构框架，赵华起草了各章的基本内容，侯毅对数据、图表进行了整理和审核，最后由赵华统稿。对本报作出贡献的还有杨雪宇、胡迎春、胡婷、王梓坤、曹啸天等南京大学硕士研究生与本科生，他们为各章基础数据的搜寻、整理工作提供了有效的协助。

　　在此，向科学出版社杨婵娟编辑致以特别感谢。从本报告开始策划之日起，她和她的同事们在各个方面给予我们非常大的帮助。可以说，没有她们的辛勤工作，就没有本报告的出版。

赵　华
2021年7月于南京大学安中楼